肢体不自由教育実践

授業力向上
シリーズNo.1

学習指導の充実を目指して

『授業力向上シリーズ』の発刊に寄せて

　全国の肢体不自由教育にかかわる皆様方に、この『肢体不自由教育実践　授業力向上シリーズNo.1　学習指導の充実を目指して』をお届けします。本書は、全国特別支援学校肢体不自由教育校長会で、授業改善を通した授業力向上をテーマとして編集した全国における肢体不自由教育の実践集です。

　この授業力向上シリーズは、全国の肢体不自由者である児童生徒を教育する特別支援学校（以下、「肢体不自由特別支援学校」とする）の6ブロックにおける研究大会及び全国大会での発表などから実践事例を選びました。実践は、授業改善や教育課程編成の基本的な考え方、全国の教育実践で構成しています。日々の教育実践に役立つ内容ばかりだと自負しています。

　編集にあたって心がけたことは、全国の肢体不自由特別支援学校の最新の教育実践を世の中に広く情報発信することです。そして、全国レベルでこの肢体不自由教育の教育活動の充実を考えていく一つの契機としたいことです。そのために、できるだけ最新の実践的な教育活動を紹介するように努めました。執筆を快く引き受けてくださいました全国の肢体不自由教育に関係する皆様に、この場をお借りしてあらためて感謝申し上げます。

　全国特別支援学校肢体不自由教育校長会では、この『授業力向上シリーズ』を毎年発行してまいります。ひいては、このことが日々の授業改善につながり、授業力の向上になるものと確信しています。また、今後は全国特別支援学校肢体不自由教育教頭会及び全国肢体不自由特別支援学校ＰＴＡ連合会等とも連携・協力をしながら、より内容の濃い教育活動を情報発信してまいりますので、今後とも皆様方のお力添えのほどなにとぞよろしくお願い申し上げます。

　最後になりましたが、全国特別支援学校肢体不自由教育校長会の会員の皆様並びに本冊子の編集にかかわられた委員の皆様に厚く御礼を申し上げます。

平成25年10月

全国特別支援学校肢体不自由教育校長会
会長　杉野　　学

目　次

『授業力向上シリーズ』の発刊に寄せて

第1部　理論及び解説編
 1 本書を読み進めるにあたって 8
 2 肢体不自由児を教育する特別支援学校の教育課程、個別の指導計画 12
 3 指導の工夫・授業展開－「表現する力」の育成－ 20

第2部　実践編
 1 「即興的表現」から広がる重度・重複障害児の指導－音楽の授業を通して－
                石川県立小松瀬領特別支援学校 28
 2 OJTを活用した授業改善－知肢併置校の利点活用を通して－
                東京都立多摩桜の丘学園 32
 3 自立活動の視点を生かした授業改善
   －知的障害代替の教育課程における教科指導を通して－
                東京都立江戸川特別支援学校 36
 4 「生活力」をつける授業づくり
   －生活に生きるコミュニケーションの力を伸ばすために－ 岡山県立岡山支援学校 41
 5 教材・教具を効果的に活用した自立活動の指導 奈良県立奈良養護学校 46
 6 子どもの可能性を引き出すICTの活用法を探る
   －A児のタブレット端末活用の実践を通して－ 佐賀県立金立特別支援学校分校舎 50
 7 肢体不自由のある子どもの障害特性を踏まえた指導の工夫
   －小学校理科における方向や方角の指導に焦点を当てて－
                長崎県立諫早特別支援学校 54
 8 肢体不自由児の見え方に配慮した授業実践
   －視野把握のための機器の活用から授業改善へ－ 沖縄県立泡瀬特別支援学校 58
 9 肢体不自由児の実態に合った支援機器の活用と児童の変容
   －「できない」を「できた」に変える活動－ 沖縄県立桜野特別支援学校 62

10 「4」の壁－生きる「算数科」の授業の充実を目指して－　北海道旭川養護学校　66

11 肢体不自由特別支援学校の進路支援－卒業後のライフスタイルから考える－
　　　　　　　　　　　　　　　　　　　　　　　　北海道真駒内養護学校　72

12 個に応じた進路指導の在り方について－本校の現状と課題から－
　　　　　　　　　　　　　　　　　　　　　　　徳島県立ひのみね支援学校　76

13 障害の重い児童の応答を促すための授業づくり
　　－授業改善の取り組みを通して－　　　　　　富山県立高志支援学校　81

14 一人一人のコミュニケーション能力を高める指導－外国語活動を通して－
　　　　　　　　　　　　　　　　　　　　静岡県立静岡南部特別支援学校　86

15 重複障害のある生徒に対する見え方の支援
　　－県立盲学校との連携による授業改善－　　　山梨県立甲府支援学校　90

16 社会参加に向けた意識をはぐくむ指導－学校設定教科「職業生活と進路」－
　　　　　　　　　　　　　　　　　　　筑波大学附属桐が丘特別支援学校　94

17 表現力を高める授業づくりの工夫－高等部理科指導を通して－
　　　　　　　　　　　　　　　　　　　　　岩手県立盛岡となん支援学校　98

18 生活単元学習－販売会に向けて製品を作ろう－　岩手県立盛岡となん支援学校　103

19 重度・重複障害児を含む知肢合同の集団の中で育つ個の力
　　　　　　　　　　　　　　　　　　　　　和歌山県立きのかわ支援学校　108

20 訪問教育における効果的なティーム・ティーチングの取り組み
　　　　　　　　　　　　　　　　　　　　　埼玉県立越谷特別支援学校　112

21 客観的な評価を生かした学習指導－「学習習得状況把握表」を活用して－
　　　　　　　　　　　　　　　　　　　　　　東京都立多摩桜の丘学園　118

22 複数の障害教育部門を併置した特別支援学校における授業改善のマネジメント
　　－知肢併置の利点を活用した学習指導の充実に向けて－
　　　　　　　　　　　　　　　　　　　　　　東京都立多摩桜の丘学園　124

第1部
理論及び解説編

1 本書を読み進めるにあたって

文部科学省初等中等教育局
特別支援教育課　特別支援教育調査官　　分藤　賢之

① 授業力向上のために

　一人一人の学びを確かなものにする教育が求められています。このことは、適切な評価と評価による改善を通してより確かなものになっていくと考えます。一人一人の学びが問われているということは、一人一人しっかりと学んだことが身に付いたのかどうかの評価が問われることでもあります。しかし、ともすると授業は、日常的に繰り返されるがゆえにその本質が見失われやすいのも事実です。

　最近、肢体不自由特別支援学校においては、授業改善の取り組みが広がっています。改善の手法についても、少人数で構成された授業者支援チームが、日常的に授業者支援を行うような工夫も見られます。しかし、それだけでは質の高い肢体不自由教育を実践していくには不十分であり、最も大切なことは、授業改善の取り組みが、授業の何を改善しようとするのか、その意図（改善の切り口）を明確にして取り組むことだと考えます。

　そこで、本書では、全国の肢体不自由特別支援学校の実践のうち、平成21年3月に公示された特別支援学校における学習指導要領等の改訂の要点を踏まえ、特に、表に示す12のテーマを意図した授業改善の実践について紹介します。

　編集にあたっては、各実践の項目を「授業設計と改善のポイント」「授業改善の成果と課題」「事例の評価」の3つに分けて記すとともに、授業者が改善を思考するために活用したツールや写真等もあわせて掲載することで、授業改善の理解がより具体的に進むように工夫しました。加えて、授業改善を進める上で授業者が参考にした文献を記しています。本書とあわせて一読していただくことで、さらに知見を深め、より専門性に裏付けられた授業改善の取り組みに役立てていただければ幸甚です。

② 「生きる力」に直結した授業づくり

　近年、肢体不自由特別支援学校では、在籍する児童生徒の障害の重度・重複化が顕著です。また、平成19年4月に改正学校教育法が施行され、障害種別を超えた特別支

本シリーズで紹介する授業改善のテーマ

(1) 言語環境の整備と言語活動の充実
(2) 体験的・問題解決的な学習及び自主的、自発的な学習の促進
(3) 進路指導の充実
(4) 課題選択や自己の生き方を考える機会の充実等
(5) 見通しを立てたり、振り返ったりする学習活動の重視
(6) 訪問教育における指導の工夫
(7) 情報教育の充実、コンピュータ等の教材・教具の活用
(8) 指導の評価と改善
(9) 各教科における指導内容の精選等
(10) 姿勢や認知の特性に応じた指導の工夫
(11) 自立活動の時間における指導との関連
(12) 自立活動における指導計画の作成と内容の取扱い　　　等

援学校制度になり、各校では多様な実態の児童生徒が共に学ぶようにもなっています。今まさに、一人一人に応じた授業が適切に提供できているのか、が問われています。

　そこで、卒業までにどのような生きる力を身に付けた児童生徒を育てたいのかを各校で明確にした上で、教育課程を編成していくことが重要な鍵となります。つまり、教師間で卒業までにどのような生きる力を身に付けた児童生徒を育てたいのかという共通の認識のもと、日々の授業を検証し、改善につなげていくことも有効な方法だと思うのです。

　上記のテーマに基づく実践は、児童生徒が自立し社会参加を目指すために必要な「生きる力」の育成につながる実践でもあります。よって、本書を参考にしていただき、各校の日々の授業で一人一人に応じた指導が展開できているのか、生きる力に直結した授業となっているのか、再点検をしてほしいと願います。

　生きる力に直結した授業という視点からは、肢体不自由特別支援学校では、児童生徒の実態が重度かつ多様という状態であっても、今より少しでも成長を促すという思いで教育を行ってきました。当然、教科の勉強をしている児童生徒の教育においても同様です。しかし、教科の勉強は高等部まで積み上げてきましたが、いざ就労となると身辺自立ができずに、就労をあきらめなければいけないという例もありました。また、レベルの高い教科の勉強をしている児童が自立活動の学習をしている場面を見学したことがあります。自立活動の指導の内容は、とても児童に合っていたのですが、その授業が終わると、教員が児童を車椅子に乗せてあげて、靴下を履かせてやるというような場面が見られました。これではやはり自立に必要な生きる力はついていかないだろうと感じました。また、教科の勉強で文字を書いたり計算したりするのは生徒

が行うのですが、ノートを開いたり定規を用意したりすることを教員がやってあげる場面がありました。そのような力こそ自立や社会参加に向けて必要な生きる力ではないでしょうか。自分で環境を整える力をつける機会を奪ってしまうことがないようにしたいと思います。こうした教育活動を自立と社会参加の視点から改善をする必要があります。ここに肢体不自由教育でキャリア教育の視点を改めて捉える理由があるのだと思います。ぜひ、そういう視点を大切にした事例も増えてほしいと思います。

❸ 「可能性」を伸ばす授業づくりと組織的対応

　さて、今後、共生社会の形成に向けたインクルーシブ教育システム構築に向けた特別支援教育を推進する上で、一人一人の教育を充実させるということがますます重要になってきます。一人一人の教育を充実させるということは、個々の能力や可能性の伸長を目指すことであり、これこそ特別支援学校の使命だと考えます。できるだけ共に学ぶ教育を進める中で、子どもに合った教育を受けさせるために本人と保護者は特別支援学校を希望して通学しているわけです。あるいは、いろいろな情報の提供を踏まえて、特別支援学校に通わせたいと判断して通学しているわけです。そういう本人や保護者に対して、可能性をしっかりと伸ばす教育を提供することこそ特別支援学校の存在意義だと考えます。そして、児童生徒が伸びていくためには、実態の的確な把握、指導の根拠の明確化、評価に基づく改善が大切だということは冒頭で述べたところです。

　しかしながら、1人の教員がすべてのことについて評価し、改善していくことは大変難しいことですので、組織的な取組や校内の人材活用の必要性が求められています。従前より肢体不自由特別支援学校では、校内に自立活動専任の教員を配置しているところもあります。あるいは、最近では外部の専門家との連携を進めているところもあります。このような取り組みによって、学校の専門的な知識や技能をどう担保していくかという点が課題になっています。振り返ってみると、特別支援教育制度への転換には、一人一人の児童生徒のニーズに着目して教育の充実を図ろうとする意図がありました。それまで児童生徒のニーズに応じていなかったということではありません。それなりに個々の教員が努力をしてきたと思います。しかし、例えば、情報支援機器の得意な教員、身体の動きの指導に長けた教員、摂食指導の専門性が高い教員などが転勤した途端、校内に必須の専門性が失われてしまうなど、そういう個々の教員の努力、専門性に頼っていた部分があったということです。そこが問われ、担任の力量に任せるのではなくて、学校全体としてどう専門性を担保していくのかという議論にな

り、個別の教育支援計画を作成し特別支援教育コーディネーターを配置することになったのだと思います。通常の学級に在籍する発達障害のある児童生徒をはじめ、ニーズのある児童生徒はしっかりと支援をしていこうという流れにもなりました。学校全体で支援にあたることはもちろんですが、必要があれば地域の力も加えて支援をしていこうと推進が図られてきました。しかし、特別支援教育制度への転換から7年が経ち、十分にそれができているのかが再度問われています。こうした社会の様々な機能を活用して、障害のある子どもの教育の充実を図っていくことは、今後の特別支援教育を推進するに欠かせないポイントとして、平成24年7月に公表された「共生社会の形成に向けたインクルーシブ教育システム構築のための特別支援教育の推進（報告）」にも示されています。このことは、本書でも「専門性向上」をキーワードとした事例を示していますので、参考にしていただきたいと思います。

❹ 授業での学びを地域につなぐ

　結びに、授業で育んだ力をきちんと地域で発揮できるようにするところまでが特別支援学校の仕事です。発揮できなければ育てる意味はないわけですから、地域で発揮することを考慮し、授業での学びを学校から家庭、地域へという視点を大切にした授業の計画を早期から工夫していただき、そのような実践の検証にも期待しています。学校教育では、今のままの児童生徒の状態でいいということではなく、やはり成長し、伸びてほしい、それを実現することが学校に与えられた使命でもあります。そういう観点から、児童生徒が獲得していく力、それは児童生徒によって全部違うわけですが、それをいろいろな「場」で発揮できるようになっていってほしいと願います。児童生徒が担任との間でできたことが、他の教員ともできる。学級、家庭、地域の支援者と広がっていくようにする。つまり社会への「参加」ということになります。

　一人一人にとって必要な教育を創ること。それが肢体不自由教育の原点です。

　本書が、肢体不自由特別支援学校の授業改善に真摯に取り組んでいる教員に少しでも役立ち、肢体不自由のある児童生徒に対する豊かな授業づくりにつながる一助になればと願っています。

2 肢体不自由児を教育する特別支援学校の教育課程、個別の指導計画

筑波大学　教授
筑波大学附属桐が丘特別支援学校長　川間健之介

　教育課程とは、意図的、計画的な教育の場である学校において、児童生徒に何を教え、何を学ばせるか、その教えるべき教育内容を選択し、組織した計画のことです。学校教育の目的や目標を達成するために、各学年の授業時数との関連において、学習指導要領に示された内容を総合的に組織した教育計画を作成することになります。つまり、教育課程とは、それぞれの学校の教育の中核となる教育計画であり、法律の定めるところに従い、子ども一人一人の人間として調和のとれた育成を目指し、地域や学校の実態、子どもの心身の発達段階や特性等を十分に考慮した教育を推進していく際のよりどころとなるものです。教育課程として計画化され、組織化される教育内容は、学校における人間形成の目的と内容に照らして、学問・科学・技術・芸術・道徳等に代表される人類の文化遺産の中から、児童生徒の心身の発達に応じて選び出され、人間形成の過程における素材としての機能を果たしています。

　特別支援学校においては幼児児童生徒の発達の状態や障害の特性から、一人一人に応じた教育課程を編成することが可能です。加えて、一人一人に個別の指導計画を作成して、きめ細かい指導を行うこととなっています。しかしながら、一人一人のニーズに応じて多様であるべき教育課程も、単一障害の児童生徒では準ずる教育課程、あるいは下学年（下学部）代替の教育課程、知的障害がある場合には知的障害者である児童生徒に対する教育を行う特別支援学校の各教科に代替した教育課程（以下、「知的障害代替の教育課程」とする）、障害が重度で重複している場合は自立活動を主とする教育課程、というように類型化が強調されています。ときには、この教育課程の類型に児童生徒を合わせて授業が行われることもあります。この教育課程の類型化は多様な教育課程を整理し、理解するためのものですが、先に類型化ありきになってしまったように思われます。個別の指導計画についても一人一人に適切な指導を行うためのものですが、「個別の指導計画を授業にどう活かすか」という本末転倒の課題が指摘できます。

❶ 一人一人に応じた教育課程の編成

　肢体不自由者に対する教育を行う特別支援学校（以下、「肢体不自由特別支援学校」

とする）の小学部及び中学部では、それぞれ小学校や中学校の各教科の内容を学年にそって学ぶことが基本となります。しかしながら、障害と発達の状態から、それが適切でない場合には、児童生徒の一人一人の実態に応じて柔軟に教育課程が編成できることになっています。

　特別支援学校小学部・中学部学習指導要領第１章総則第２節教育課程の編成第５重複障害者等に関する教育課程の取扱い（高等部においては、特別支援学校高等部学習指導要領第１章総則第２節教育課程の編成第６款重複障害者等に関する教育課程の取扱い）には、柔軟に教育課程を編成するための取扱いについて記載されています。そこには、各教科及び外国語活動の目標及び内容に関する事項の一部を取り扱わないことができること、各教科の各学年の目標及び内容の全部又は一部を、当該学年の前各学年の目標及び内容の全部又は一部によって、替えることができること、いわゆる下学年適用といわれる取扱いが記載されています。また、肢体不自由に加えて知的障害を併せ有する児童生徒については、各教科又は各教科の目標及び内容に関する事項の一部を、当該各教科に相当する知的障害者に対する教育を行う特別支援学校の各教科又は各教科の目標及び内容の一部によって、替える（以下、「知的障害教科」とする）ことができるとなっています。いわゆる「知的障害代替の教育課程」といわれる取扱いです。さらに、重複障害者のうち障害の状態により特に必要がある場合には、各教科、道徳、外国語活動若しくは特別活動の目標及び内容に関する事項の一部又は各教科、外国語活動若しくは総合的な学習の時間に替えて、自立活動を主として指導を行うことができるものとするとなっています。これらの取扱いを組み合わせることによって、児童生徒一人一人の実態に応じた教育課程を編成することができます。

　図１は、肢体不自由特別支援学校で編成される教育課程の例を示したものです。なお、道徳、特別活動、総合的な学習の時間、小学部における外国語活動については省略してあります。まず、Ａは小学校、中学校あるいは高等学校の教科の内容を学年にそって学ぶ場合です。Ｂ、Ｃ、Ｄは下学年適応を中心に教育課程を編成している場合です。Ｅ、Ｆ、Ｇは知的障害代替の教育課程です。Ｈ、Ｉ、Ｊ、Ｋは自立活動を主とする教育課程です。以下の節では、これらの教育課程について課題について考えていきます。

❷ 小学校、中学校及び高等学校の教科を学ぶ場合

　特別支援学校小学部又は中学部の年間の総授業時数は、小学校又は中学校の各学年における総授業時数に準ずるものとなっています（特別支援学校小学部・中学部学習指導要領第１章第２節第３の１）。高等部においては74単位以上となっています（特別支援学校高等部学習指導要領第１章第２節第２款第１の１）。一方、自立活動授業

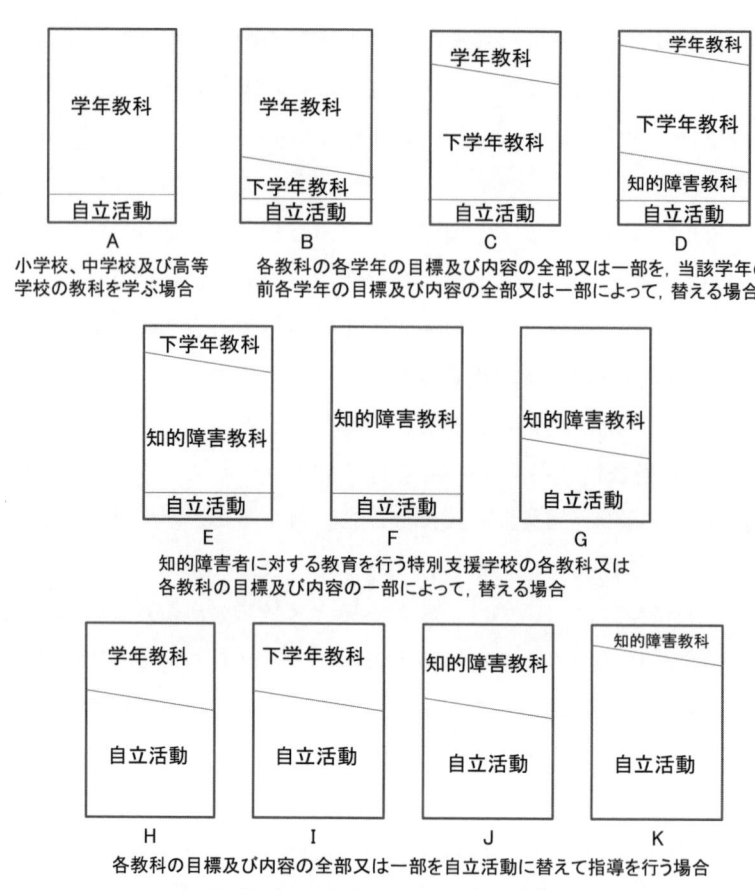

図1 様々な教育課程（教科と自立活動の関係についてのみ）

時数は、児童又は生徒の障害の状態に応じて、適切に定めるものとなっています（特別支援学校小学部・中学部学習指導要領第1章第2節第3の3及び特別支援学校高等部学習指導要領第1章第2節第2款第3の5）。つまり年間の総授業時数は小学校、中学校または高等学校（自立活動については授業時数を単位数に換算）と同じにもかかわらず、自立活動の指導を行う必要があります。そのため、教科等の授業時数が減少することとなります。

　肢体不自由のある児童生徒に教科の指導を行う際には、上肢の操作性、移動、体幹保持、発声、呼吸、視知覚認知、抽象概念の操作等の困難に適切に対応しなくてはなりません。それでも実際には、授業の進度は3割程度遅れていると思われます。先に述べた授業時数の減少も合わせて考えると、各教科の内容を精選するなどして年間の指導計画を作成する必要が出てきます。精選にあたっては基礎的・基本的な事項に重点をおくことが学習指導要領にも示されています（小学部・中学部学習指導要領第2章第1節第1款3(2)、第2節1款、及び特別支援学校高等部学習指導要領第2章第2款3(2)）。また、各教科の分野ごとに、学年を超えてまとめて単元を設定するなどの

工夫が必要になってきます。高等部においては、数学Ⅲ、物理、化学等の理系科目に対応できていない学校も少なくありません。また、高等部では1単位時間は50分（特別支援学校高等部学習指導要領第1章第2節第2款第1の1）ですが、スクールバスの運用の制限のため40分授業になっている学校もあります。

③ 各教科の各学年の目標及び内容の全部又は一部を、当該学年の前各学年の目標及び内容の全部又は一部によって、替える場合

図1の中のB、C、Dがこの教育課程の取り扱いを適用した場合の例です。Bは一部の教科にだけ下学年の目標、内容を代替した場合です。Cは、ほとんどの教科について下学年の目標、内容の一部を代替した場合です。Dは、この下学年代替に加えて、知的障害者に対する教育を行う特別支援学校の各教科又は各教科の目標及び内容の一部に代替した場合です。

いずれの場合も児童生徒一人一人の学力の適切な把握に基づいて、どの教科のどの目標・内容を当該教科の下学年の目標・内容に代替するのかを決定しなくてはなりませんが、多くの場合、適切な実態の把握がなされているとは言い難いです。また、下学年代替の対象となる児童生徒の学習集団は学力の幅が大きく、単元で設定する内容がかなり幅広い学年の内容から構成されていたり、いくつかの教科の内容を合わせた合科であったりすることも多いのです。下学年代替の授業を行う際には、各教科の内容の系統性をしっかり理解した教師でなければ適切に内容を設定できないといえます。

Dはさらに知的障害教科も合わせて取り扱っています。教育課程の届け出は下学年適用であっても、実態として一部の目標や内容は知的障害代替であることは少なくありません。また、下学年代替の対象となる児童生徒が少数である場合は、適切な学習集団を編制する必要性から図画工作・美術、体育・保健体育、音楽、技術・家庭科等は知的障害代替の児童生徒と同じ学習集団としていることも多く見受けられます。

下学年代替の教育課程に関しては、先に述べた小学校、中学校及び高等学校の各教科を学ぶ場合と同様に、上肢の操作性、移動、体幹保持、発声、呼吸、視知覚認知、抽象概念の操作等の困難に適切に対応の他、適切な授業時数の確保も課題です。

④ 知的障害者に対する教育を行う特別支援学校の各教科又は各教科の目標及び内容の一部によって、替える場合

知的障害者である児童生徒に対して教育を行う特別支援学校の各教科は、特別支援学校小学部・中学部学習指導要領の第2章第1節第2款において小学部、第2章第2節第2款において中学部、特別支援学校高等部学習指導要領第2章第2節第1款（普

通教育に関する科目)において高等部のそれぞれの教科の目標及び内容が示されています。そして、小学部、中学部、高等部のいずれにおいても児童生徒の知的発達の遅滞の状態や経験等を考慮して、実際に指導する内容を選定し、効果的に指導することとなっています。

　また、学校教育法施行規則第130条の2に基づいて、特別支援学校の小学部、中学部又は高等部においては、知的障害者である児童若しくは生徒又は複数の種類の障害を併せ有する児童若しくは生徒を教育する場合において特に必要があるときは、各教科、道徳、外国語活動、特別活動及び自立活動の全部又は一部について、合わせて授業を行うことができます。各教科等を合わせた指導といわれるものですが、知的障害特別支援学校だけではなく、他の特別支援学校においても、知的障害を有する児童生徒の場合、実施できることになっています。各教科等を合わせた授業は、児童生徒の実態に応じて各校で工夫され実施されますが、一般的に「遊びの指導」、「日常生活の指導」、「生活単元学習」、「作業学習」などのように類型化されています。

　上述した各教科等を合わせた授業は、知的障害教育の創意工夫であり、多くの知的障害児が効果的、有効な学習を進めてきています。しかし、「生活単元学習」で陥りやすい問題点として、系統性がない、児童生徒の実態に応じていない、行事単元に終始する、などが指摘されています。系統性がない点は、生活上の課題を達成するための活動であることが強調されるあまり、各教科の目標や内容と無関係に単元や授業が設定されていることにあります。児童生徒の実態に応じていない点は、単元の設定が先にあり、多様な実態のある児童生徒をその単元の設定の中で可能な部分にはめ込むという授業づくりをすることに理由があります。個別の指導計画において詳細に児童生徒の実態を把握し、指導目標を設けても、生活単元学習では、個別の指導目標と無関係に授業が行われていることがよく見られます。単元の設定も年間の行事を念頭に毎年同じものが繰り返される傾向もあります。

　この知的障害特別支援学校における「生活単元学習」に見られる問題は、肢体不自由特別支援学校における知的障害を併せ有する児童生徒の指導にそのまま持ち込まれています。近年では、知的障害特別支援学校においては指導内容を精選し、その系統性を踏まえた学習内容表などを作成して教育課程の改善に取り組んでいる学校が増えています。しかし、肢体不自由特別支援学校における知的障害代替の教育課程において、学習内容表等を整備しようとする学校は少ないのが現状です。「生活単元学習」は知的障害のある児童生徒にとっては非常に効果的な教育方法ですが、知的障害だけでなく肢体不自由もある児童生徒に適切な教育方法であるのかは疑問があります。単に知的障害教育をなぞるのではなく、肢体不自由のある児童生徒に適した教育方法を

工夫していく必要があります。

なお、図1のE、F、Gが知的障害教科の代替を適用した場合の教育課程ですが、比較的身体の活動も活発であり、コミュニケーションも可能である児童生徒では、EやFのような内容で教育課程が構成されています。一方、身体的活動も困難であり、コミュニケーションにも課題がある児童生徒では、Gのように自立活動の比重が増えることになります。

❺ 自立活動を主として指導を行う場合

この教育課程では、各教科の内容に代えて自立活動を主として指導することになります。この場合の「主として」とは、指導内容の半分以上が自立活動の指導内容であることを意味します。実際の授業では、自立活動の内容を主として、各教科の内容の一部を統合する授業を行うことになります。このときの各教科は、児童生徒の発達や障害の状態から考えて、ほとんどの場合、図1のJとKのように知的障害教科になると考えられます。しかしながら、肢体不自由が極めて重度であり、医療的ケアを必要とする児童生徒であっても知的障害のない者は、HやIのように小学校あるいは中学校の教科の指導を行っている場合もあります。

自立活動主の教育課程であっても、知的障害教科の代替で行われる遊びの指導、日常生活の指導を行う必要はあります。しかし、その際も自立活動の指導内容を相当含むことになります。ところが、多くの特別支援学校では、知的障害特別支援学校で行われている遊びの指導や日常生活の指導の枠組みをそのまま導入し、自立活動の内容をあまり含まず授業が行われていることがあります。また、この教育課程の対象となる児童生徒の実態からして、不適切であると思われる生活単元学習を形だけまねていることもあります。

肢体不自由特別支援学校の自立活動は、養護・訓練の時代から「身体の動き」に限定されて行われてきました。特に、専任教員を置いている学校ではこの傾向が強くありました。障害が重度で重複している児童生徒の増加は、「身体の動き」に関することだけでなく「環境の把握」や「コミュニケーション」など様々な内容の自立活動の指導が必要になります。これらに関する指導は、学級担任が各教科等を合わせた授業として行っていることが多いです。様々に単元を工夫して授業を行っていますが、教科の内容と自立活動の内容が不明確なままただ活動が設定されているだけのように見える授業も少なくないです。これはそれだけこの教育課程の対象となる児童生徒に対する授業づくりが難しいことを示しています。個別の指導計画に基づいて指導は行われますが、一方で特別支援学校に在籍する12年間の視点で指導内容を見たとき、指導

内容の積み重ねや系統性が見られない場合が多いといえます。コミュニケーションや認知等に関しては、発達的観点からの指導内容表等の目安になるようなものがなければ、系統的な学習の積み重ねが実現できないのではないかと考えます。

６ 授業に生きる個別の指導計画

　個別の指導計画については、特別支援学校小学部・中学部学習指導要領第1章第2節第4の1(5)に「各教科等の指導に当たっては、個々の児童又は生徒の実態を的確に把握し、個別の指導計画を作成すること。また、個別の指導計画に基づいて行われた学習の状況や結果を適切に評価し、指導の改善に努めること。」と記載されています。また、第7章第3には自立活動における個別の指導計画について詳細に記載されています。

　児童生徒の実態の多様化のため、平成11年の学習指導要領の改訂において、自立活動や重複障害者の指導に際して、個別の指導計画を作成することとなりました。現在の学習指導要領では、これまでの個別の指導計画が活用されてきた実績を踏まえ、障害の状態が重度・重複化、多様化している児童生徒の実態に即した指導を一層推進するため、各教科等にわたり個別の指導計画を作成することとなりました。

　自立活動では、個々の児童生徒の障害の状態や発達の段階等の実態に即して指導内容・方法が工夫されます。また、重複障害者の実態は極めて多様であるため、個々の児童生徒の障害の状態及び発達の段階等に応じて、学習内容が創意工夫されることとなります。したがって、これらの指導にあたっては、個々の児童生徒の的確な実態把握を行うとともに それに応じた指導目標を設定し 指導内容・方法を工夫するなどして、適切かつ具体的な個別の指導計画を作成する必要があります。

　また、各教科や道徳など、学級等ごとに児童生徒に共通する指導目標や指導内容を定めて授業が行われる場合には、例えば、児童生徒一人一人に対する指導上の配慮事項を付記するなどして、学級等ごとに作成する指導計画を個別の指導計画として活用することなども考えられます。

　図2は、個別の指導計画と教育課程の関係、指導内容との関係を示したものです。学習内容は、教科の場合は学習指導要領に示されている内容となります。各教科等を合わせた授業であれば、各領域や教科の内容から必要なものを合わせたものとなりますが、基礎的・基本的な内容から発展的・応用的な内容となるよう系統的に学習内容が配列された学校の計画があることが望まれます。また、自立活動であれば、自立活動の内容から必要なものを選択し、具体的な指導内容を設定することとなります。

　個別の指導計画の活用については、現場では**表1**に示したような難しさが指摘され

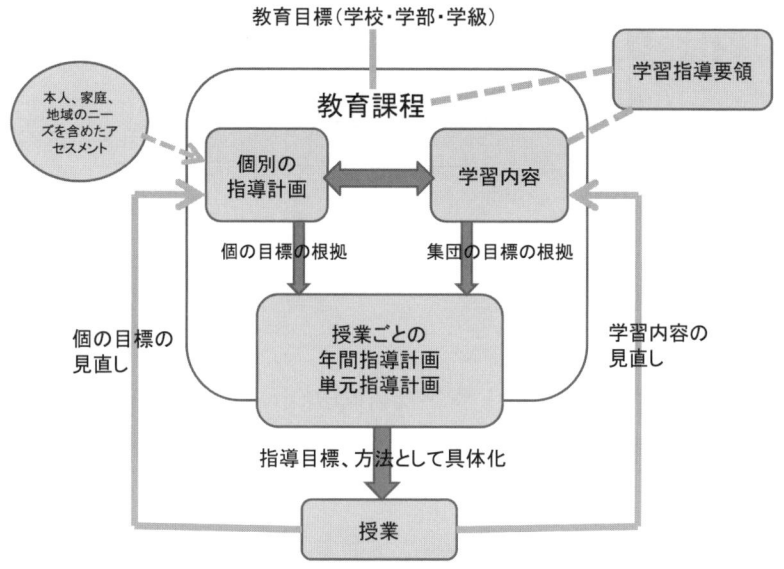

図2　教育課程と個別の指導計画

ています。個別の指導計画は、児童生徒一人一人に応じた授業を行うために作成するものですが、それが授業で生かされないのはなぜでしょうか。個別の指導計画は授業を通じて教員集団によって修正されていくものです。授業検討会やケース会で児童生徒の理解を深め、指導目標や指導内容を検討していくことが重要であり、それが可能となるシステムが学校において機能して行く必要があります。実態把握の難しさや経験の少ない教員がいることなども研修を通じて教員集団として機能していくためのシステムが求められます。こうしたシステムが機能することで、個別の指導計画は文書で終わるのではなく、授業を充実させていく強力なツールとなっていきます。

表1　個別の指導計画にかかわる難しさ

- 授業で生かされていない
- カリキュラム教育課程との関連が不明（授業につながっていかない）
- 目標設定の理由（わけ）が不明
- 指導者の責任が明確ではない
- 引き継ぎが難しい
- 実態把握が難しい（子どもの見とりができる教員がいない……）
- 教員の多様性（年齢層や専門分野）への対応が難しい
- 研修機能の不足
- 複数教員の目で作成されていない・共通理解ができていない
- ＰＤＣＡサイクルとなっていない（動いていない）
- ＰＤＣＡのサイクルをもとにして、授業改善に向けた学習評価方法をどうしたらよいか
- 事務負担が大きい
- 担任の意見の確認で終わってしまっている
- 適切な評価が難しい

2013年度　筑波大学附属桐が丘特別支援学校　自立活動実践セミナー資料より

3 指導の工夫・授業展開
－「表現する力」の育成－

独立行政法人国立特別支援教育総合研究所
企画部　総括研究員　**長沼　俊夫**

1 はじめに

　改正教育基本法（平成18年12月）や学校教育法の一部改正（平成19年6月）で示された教育の基本理念として、学校教育においては「生きる力」を支える「確かな学力」「豊かな心」「健やかな体」の調和を重視するとともに、学力の重要な要素は、①基礎的・基本的な知識・技能の習得、②知識・技能を活用して課題を解決するために必要な思考力・判断力・表現力等、③学習意欲、であることを示しました。これらを踏まえ、学習指導要領改訂において「生きる力」をはぐくむためには、言語活動の充実により、思考力・判断力・表現力の育成が大切であり、とりわけ肢体不自由のある児童生徒においては、表現する力の育成が重要であることが示されました。

　本稿では、「表現する力」の育成に焦点を当てた指導の工夫・授業展開について述べます。

2 言語活動の充実による「表現する力」の育成

1．言語活動の充実

　小学校学習指導要領（平成20年3月告示）の総則においては、以下のように示されています。

> 第1章　総則
> 第1　教育課程編成の一般方針
> 1．（前略）学校の教育活動を進めるに当たっては、各学校において、児童に生きる力をはぐくむことを目指し、創意工夫を生かした特色ある教育活動を展開する中で、基礎的・基本的な知識及び技能を確実に習得させ、これらを活用して課題を解決するために必要な思考力、判断力、表現力その他の能力をはぐくむとともに、主体的に学習に取り組む態度を養い、個性を生かす教育の充実に努めなければならない。その際、児童の発達の段階を考慮して、

> 児童の言語活動を充実するとともに、家庭との連携を図りながら、児童の学習習慣が確立するよう配慮しなければならない。

同じく総則において、指導計画等の作成に当たって配慮すべき事項について、以下のように示されています。

> 第4　指導計画の作成等に当たって配慮すべき事項
> 　2．以上のほか、次の事項に配慮するものとする。
> 　（1）各教科等の指導にあたっては、児童の思考力、判断力、表現力等をはぐくむ観点から、基礎的・基本的な知識及び技能の活用を図る学習活動を重視するとともに、言語に対する関心や理解を深め、言語に関する能力の育成を図る上で必要な言語環境を整え、児童の言語活動を充実すること。

生きる力をはぐくむためには、各教科等において思考力、判断力、表現力等を育成する観点から、基礎的・基本的な知識及び技能の活用を図る学習活動の重視とともに、言語環境を整え、言語活動の充実を図ることに配慮することが重要であることが示されています。

2．学習評価の観点からみた「表現する力」

国立教育政策研究所教育課程研究センターは、平成22年11月に「評価規準の作成のための参考資料（小学校）」を作成しました。その中で、評価規準作成の経緯と今回の学習指導要領改訂を踏まえた評価の観点の考え方の整理が示されています。以下、その概要を示します。

「小学校児童指導要録、中学校生徒指導要録並びに盲学校、聾学校及び養護学校の小学部児童指導要録及び中学部生徒指導要録の改訂について（通知）」（平成3年3月、文部省）では、観点別学習状況の評価が効果的に行われるようにするために、「評価規準を設定するなどの工夫を行うこと」とし、学習指導要領に示す目標の実現の状況を判断するためのよりどころを意味するものとして、「評価規準」の概念を導入しました。さらに、「小学校児童指導要録、中学校生徒指導要録並びに盲学校、聾学校及び養護学校の小学部児童指導要録、中学部生徒指導要録及び高等部生徒指導要録の改善等について（通知）」（平成13年4月、文部科学省）では、各教科の評価の観点及びその趣旨を参考として、評価規準の工夫・改善を図ることが望まれると示しました。これを受けて国立教育政策研究所は、平成14年2月に「評価規準の作成、評価方法の工夫改善のための参考資料」を作成しました。観点別学習状況について、その評価の観点を基本的に「関心・意欲・態度」「思考・判断」「技能・表現」「知識・理解」の

4つの観点によって構成することとしました。

そして、平成20年告示の学習指導要領の下で行われる評価について、文部科学省は、平成22年5月11日付で初等中等教育局長から「小学校、中学校、高等学校及び特別支援学校等における児童生徒の学習評価及び指導要録等の改善について（通知）」が示されました。その中で、学習評価の観点について、①「関心・意欲・態度」、②「思考・判断・表現」、③「技能」、④「知識・理解」に整理され、示されました。それまでの観点の構成に比べると、「思考・判断」が「思考・判断・表現」となり、「技能・表現」が「技能」として設定されることとなりました。この変更のあった「表現」については、「『思考・判断・表現』の観点のうち『表現』については、基礎的・基本的な知識・技能を活用しつつ、各教科の内容に即して考えたり、判断したりしたことを、児童生徒の説明・論述・討論などの言語活動等を通じて評価することを意味している。」と説明しています。「表現」とは、これまでの「技能・表現」で評価されていた「表現」ではなく、思考・判断した過程や結果を言語活動等を通じて児童生徒がどのように表出しているかを内容としていること、併せて、「技能」については、これまで「技能・表現」として評価されていた「表現」をも含む観点として設定されることとなりました。

「表現」が、各教科等の内容等に即して思考・判断した内容を表す活動として一体的に見ていくことが重要であることを示したものです。このような考えに基づくと、「表現する力」は、思考する力、判断する力と一体的に培うことが大切であるといえます。

3．肢体不自由のある児童生徒にとって「表現する力」の育成の意義と課題

特別支援学校小学部・中学部学習指導要領（平成21年3月告示）の総則において「言語活動を充実すること」について、先述した小学校学習指導要領と同様の記述がされています。障害の有無にかかわらず、言語活動の充実を通して思考・判断・表現する力を育むことは、教育の重要な今日的課題であることはいうまでもありません。加えて、肢体不自由のある児童生徒に対しては、「表現する力の育成」を特に重要な事項としています。各教科の指導において、特に配慮すべき事項として以下のように示してあります。

（中略）

3　肢体不自由者である児童に対する教育を行う特別支援学校

(1) 体験的な活動を通して表現する意欲を高めるとともに、児童の言語発達の程度や身体の動きの状態に応じて、考えたことや感じたことを表現する力の

> 育成に努めること。
> (2) 児童の身体の動きの状態や生活経験の程度等を考慮して、指導内容を適切に精選し、基礎的・基本的な事項に重点を置くなどして指導すること。
> (3) 身体の動きやコミュニケーション等に関する内容の指導に当たっては、特に自立活動における指導との密接な関連を保ち、学習効果を一層高めるようにすること。
> (4) 児童の学習時の姿勢や認知の特性等に応じて、指導方法を工夫すること。
> (5) 児童の身体の動きや意思の表出の状態等に応じて、適切な補助用具や補助的手段を工夫するとともに、コンピュータ等の情報機器などを有効に活用し、指導の効果を高めるようにすること。

　特に配慮すべき事項の一番目に「表現する力の育成」に努めることが挙げられました。「特別支援学校学習指導要領解説　総則等編（幼稚部・小学部・中学部）」（平成21年6月）では、以下のように解説しています。

　「近年、児童生徒の障害が重度化するにつれて、表現に対する困難さも大きくなっていることから、各教科の指導において、児童生徒の実態に応じて表現する力の育成に努めることを明確にした。」とその意義を述べています。また、背景として、「肢体不自由のある児童生徒は、身体の動きに困難があることから、様々な体験をする機会が不足しがちであり、そのため表現する意欲に欠けたり、表現することを苦手としたりすることが少なくない」と体験の機会の不足とそれによる意欲の低下が課題であるとしています。そして、各教科の指導においては、自分の手で触れたり、実際の場面を見たり、具体物を操作したりする体験的な活動を計画的に確保すること、言語発達の程度や身体の動きに応じて、表現するために必要な知識、技能、態度及び習慣の育成に努めることが大切であると解説しています。

　言語活動の充実により、考えて、判断したことを表現する学習が重要であるという学習指導要領の重要な改善の視点に加えて、肢体不自由のある児童生徒においては、障害の特性に配慮して、言語活動の充実により「表現する力」をはぐくむことがとりわけ重要であるといえます。そして、各教科等の指導全体を通して、言語活動を充実させるためには、各教科の指導内容を精選や重点化することとともに、個々の児童生徒の障害の状態に応じた指導である自立活動の指導と関連させることが求められます。また、児童生徒が表現しようという意欲を高めるために、興味・関心のある活動や有用感・達成感を実感できる学習活動とすることが基盤となります（図1）。

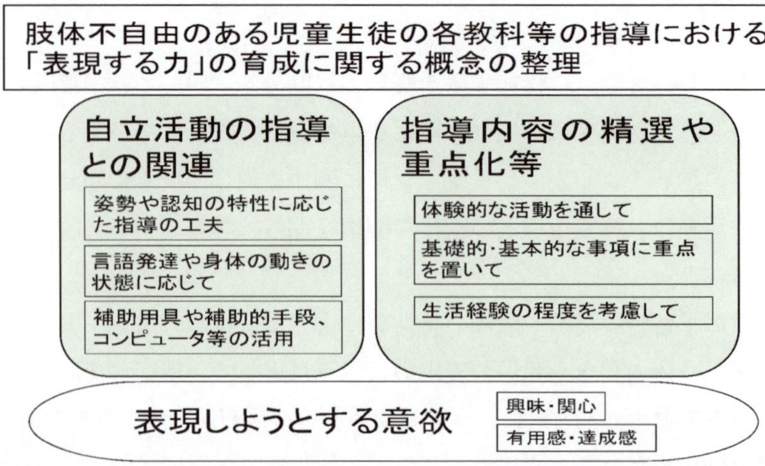

肢体不自由のある児童生徒の各教科等の指導における「表現する力」の育成に関する概念の整理

- 自立活動の指導との関連
  - 姿勢や認知の特性に応じた指導の工夫
  - 言語発達や身体の動きの状態に応じて
  - 補助用具や補助的手段、コンピュータ等の活用
- 指導内容の精選や重点化等
  - 体験的な活動を通して
  - 基礎的・基本的な事項に重点を置いて
  - 生活経験の程度を考慮して

表現しようとする意欲
- 興味・関心
- 有用感・達成感

図1　肢体不自由のある児童生徒の各教科等の指導における「表現する力」の育成に関する基本的な考え方

③ 言語活動に重点をおいた授業づくりにおける配慮や工夫

　特別支援学校（肢体不自由）及び特別支援学級（肢体不自由）において児童生徒が、じっくり考え、考えを伝え合う、言語活動を重視した授業づくりを進める際に必要な配慮や工夫の視点を以下の5つに整理しました。

1．体験的な活動を計画的に確保すること

　児童生徒の生活経験の程度等を把握した上で、自分の手で触れたり、操作したり、実際の場面を見たりする体験的な活動は、興味・関心を広げたり自信をもって主体的に行動する力をはぐくむ上でも大切です。授業の中で、体験的な活動を計画的に取り入れることや他の教科や特別活動等における活動と関連させることなどが求められます。また、家庭とも連携して、具体的な体験の機会を多くもつようにしたり、繰り返しの学習につながるようにしたりする工夫も有効です。

2．基礎的・基本的な知識及び技能を活用して、自主的、自発的な学習を促すこと

　各教科等の指導を通じて、基礎的・基本的な知識・技能の確実な定着やその活用を図る学習活動は重要です。言語活動の充実のためには、児童生徒の言語発達の程度に応じて言語活動の基盤となる「国語の知識」を活用することが必要です。「国語の知識」とは具体的には、語彙、表記に関する知識、文法に関する知識、内容構成に関する知識、表現に関する知識など話したり書いたりする力です。特に、様々な体験をする機会が不足しがちな肢体不自由のある児童生徒においては、個人が身に付けている言葉の総体である「語彙」の習得状況を把握し、活用することでさらに語彙を豊かにすることが大切です。

3．児童生徒が学習の見通しを立てたり、学習したことを振り返ったりする活動を取り入れること

　児童生徒が学習している事項について、事前に見通しを立てたり、事後に振り返ったりすることで、学習内容の確実な定着が図られ、思考・判断・表現力等の育成につながります。また、学習の見通しを理解したり、学習した内容の振り返りにより、学習活動への興味・関心を高めたり、達成感や有用感を実感したりすることで学習意欲が向上することは、主体性を育てる基盤として重要です。

4．児童生徒の障害の状態や学習の進度等を考慮して、個別指導を重視するとともに、授業形態や集団の構成を工夫すること

　特別支援学校、特別支援学級においては、児童生徒の障害の状態や発達の段階、学習の進度等を考慮して、個に応じたていねいな指導が求められます。この個に応じた指導方法としては、個別指導を重視するとともに、学び合ったり共感したりする学習活動を目指した集団での指導も大切です。具体的には、習熟度や障害の状態に応じて学級等の枠を外したグループ別指導を行ったりすることです。その際、集団においても個に応じた指導が充実するために、2人以上の教員が協働するティーム・ティーチングを有効に活用すること等が大切です。

5．個別の指導計画を活用し、学習の状況や結果を適切に評価すること

　個別の指導計画は、自立活動や重複障害者の指導のみならず、各教科等にわたり作成することが、現行の学習指導要領で示されました。このことは、学校の教育活動全体を通じて、個に応じた指導を一層推進させるためです。各教科等の指導においては、児童生徒一人一人に対する指導上の配慮事項を示したり、自立活動の指導との関連を明確にしたりすることが必要です。計画に基づいた学習の状況や結果を適切に評価することで、次の指導への改善に生かすことと学習の系統性が明確になることが期待できます。

〈参考文献〉
　国立特別支援教育総合研究所（2012）肢体不自由のある児童生徒に対する言語活動を中心とした表現する力を育む指導に関する研究－教科学習の充実をめざして－研究成果報告書

第2部
実践編

体験的・問題解決的な学習及び自主的、自発的な学習の促進

1 「即興的表現」から広がる重度・重複障害児の指導
－音楽の授業を通して－

<キーワード> ①興味をひきつける題材の選定　②即興的表現　③音楽における言語活動

1 実践事例の概要

　「障害の重い子どもは音楽の授業で何を学ぶのか」との問いに対し、自らの実践を明確に語ることができるでしょうか。多くの教師が毎回の授業に悩みながら取り組んでいると推測します。本実践は、試行錯誤の過程を経てたどりついた高等部での実践『瀬領ブギウギ』を題材に、誕生に至る経過及び授業での生徒の様子を紹介し、障害の重い生徒にとっての言語活動を省察します。

　音楽の授業は2時間続きで組まれており、毎回ライアーの音色を聴くことから始まります。その後、①音楽に合わせて身体を動かすウォームアップ、②歌唱、③楽器を使った活動、④鑑賞の各活動で構成し、再びライアーの音色で終わるという流れで行っています。授業で心がけたことは、「音・音楽そのもののもつ力をいかにダイレクトに生徒に伝えるか」ということです。

　また、学習する題材を考える際には、音楽を構成する諸要素の中から何を生徒に学ばせたいのかを考え、使用する楽器の音色や教師の歌声などを生徒がじっくりと味わうことを重視しています。

2 授業改善のポイント

　当初は、CD内の既存の楽曲に合わせてオーケストラの1パートのようにカスタネットやトライアングル等の打楽器を教師と一緒に演奏する活動を行っていました。打楽器の音色を聴かせる場面で生徒が興味津々の表情を浮かべ、試奏の段階で明確な意思を伴って手指を伸ばし楽器を弾いても、いざCDの曲に合わせて演奏する場面になると険しい表情になり、手の動きが止まってしまう生徒が多くいました。

　この反省に基づき、たとえ偶発的であっても、生徒自らの動きで発せられる音や声をその子なりの表現として教師が受け止め、「即興的表現」として音楽の流れの中で生かすことのできる題材を考え取り組んだのが、打楽器アンサンブル『サンバ』と、開放弦でコードが弾けるように調弦したギターを用いた『ブルース』の実践です。

どちらの音楽も即興的な要素が強いという特性があり、1人で演奏する部分＝「ひとり」と、全員で演奏する部分＝「みんな」とを織り交ぜて音楽を構成することができます。この「ひとり」の部分で「即興的表現」を試みる時間を保証し、生徒一人一人のもつ表現を生徒と教師とで共有することを試みました。

その結果、既存の楽曲に合わせて演奏することでは見られなかった良好な生徒の反応を確認することができ、ようやく題材を考えるヒントが見つかりました。同時にいくつかの反省点も浮かび上がりました。

そこで、①発達の初期段階にいる生徒でも「音が鳴った！」との実感が得られやすい楽器、②「即興的表現」を生かすことのできる様式の音楽、③一体感が感じられる曲、の3つの条件を叶える題材を思案し、CMのテーマ曲を参考にした『瀬領ブギウギ』に取り組みました。

楽器は箏とギター、クワイヤーホーンを使用し、生徒の好みや操作性を考慮して各自で選択しました。箏とギターは少ししゃれた響きになるようシックスのコード（「ド、ミ、ソ、ラ」の響き）に調弦し、クワイヤーホーンの音も「ド、ソ」の2音に限定することで、「ひとり」の部分で誰がどのタイミングでどこに触れてもそれらしく聴こえるように工夫しました。また、電子ピアノに旋律とベース音、リズムパターンをあらかじめ順序立てて入力したものを伴奏として使用しました。

「みんな」の部分では全員でコードを「ジャラン」と弾きながら（クワイヤーホーンは持続する音やリフのような合いの手を入れる）旋律を口ずさむことで、今までにない一体感が生まれました。普段あまり発声することのない生徒がこの部分で連続して発声するなどの様子が見られました。

「ひとり」の部分では、MT（メインティーチャー：筆者）が生徒のそばに行き、1音またはコードの響きを様々なリズムパターンで弾いて働きかける「音による会話」を試みて生徒の反応を待ちました。音の響きやリズムが今までとは違うことに気づいたのか目の動きや声で表現する生徒、苦手な側臥位でも夢中になって何度も弦に触れて演奏する生徒など、障害の状態や程度にかかわらず、すべての生徒に音楽を享受する姿が見られました。

❸ 実践の評価

1. 教師側のねらい

『瀬領ブギウギ』は、生徒が音や音楽をその子なりの感じ方で受け止め、表現しようとする姿をねらって設定した題材です。余韻豊かな弦楽器の響きや振動、自然と身

体がのるブギウギ特有の符点のリズムや快活な曲想など、音楽的要素に誘発されて「つい弾いちゃった」「歌っちゃった」という経験を積む中で、自分ならではの音楽の感じ方・表し方を探求・獲得してほしいと願いました。そのためには、教師との協同作業による演奏行為が生徒にとって意味のあるものでなければいけないと考えました。

　そこで、合奏の場面でテーマを全員で弾き歌いする「みんな」の部分を音楽を感じる力を高めるプロセス、各自が「即興的表現」をする「ひとり」の部分を自分なりに表現し、全員で共有する場と位置づけ、交互に演奏する形で合奏しました。

　また、合奏に入る前に、MTが①楽器を見せる、②低音より順に1弦ずつ聴かせる、③「ジャラン」とコードを聴かせる、という順で提示した後、まずはゆっくりテーマを弾き歌い、次いでコード伴奏もリズミカルなパターンに変え、かつテンポも速めて弾き歌いました。授業の最後には原曲の動画や原曲が使われているCMを鑑賞しました。

2．考察

　生徒Aはもとよりリズム感のよい生徒でしたが、最初の頃は無作為にギターを弾いていた様子から、発音原理を理解できたうれしさから繰り返し弾いていたと思われます。ところが、学習を積み重ねるにつれ、歌詞の語尾を発語したり、拍の流れを感じながら、MTとの「音による会話」を楽しむ様子が見られたことから、より音楽そのものを感じる意識が次第に高まり、自分なりの表現を見つけようとした過程があったと考えられます。

　生徒Bは、教師による提示の場面では、単に音刺激に反応していただけの状態であったと思われます。それから、コードを聴く、コード伴奏による弾き歌いの演奏を聴く、と、段階を経るに連れて音の重なりや速度の変化を感じ取った過程があったと推測できます。合奏の場面でも、生徒なりに音楽を感じ、「楽しい！」という思いが生まれたからこそ、まるでスキャットのような連続した発声や、わずかではありますが楽器に向かう手の動き、曲の終止部での歓声という表現につながったと思われます。

　以上、生徒2名の考察から、障害の重い生徒の音楽の授業における言語活動とは何かを考えてみました。それは、生徒が音楽を感受する力が高まることを最終的な目標として、外界（単なる物理的な刺激としての楽器や音）に「気づき」、教師との協同的体験（聴取や演奏行為）を通して「感じる・わかる」（1音／コード、テンポの遅い／速い、音の重なりの変化など）というプロセスを行き来しながら、自分なりの表現を獲得する（＝「できる」）ことではないでしょうか。

　また、そのプロセスには様々な要因が関与し、複雑に絡み合っていると考えられます。例えば集団の学習による相互作用、合奏での「みんな」（＝一体感）と「ひとり」

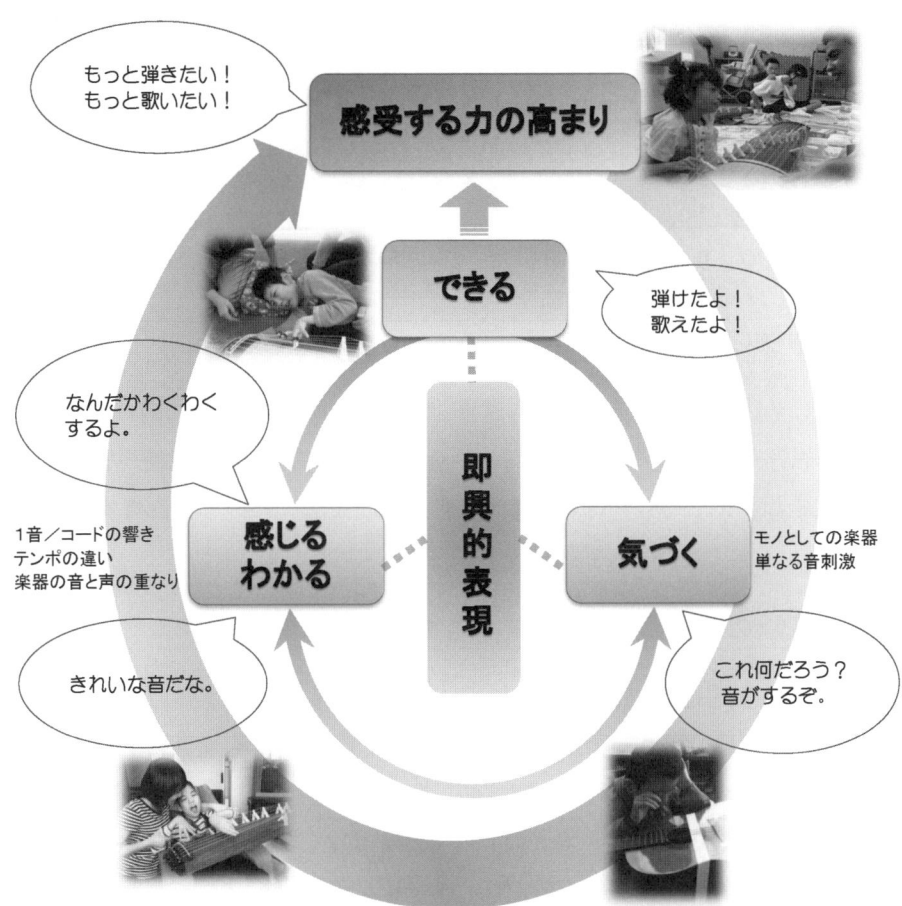

『瀬領ブギウギ』に見る言語活動

（＝緊張感）との差異による雰囲気の違いや広がっていく音空間の違いがあります。集団だからこそ自身の存在に気づき、自分なりの表現を深めることができるのです。さらに、生徒に寄り添い、たとえ微細な反応でも共感的に受け止め、「そうだね」と認める教師の存在も不可欠です。対教師と繰り広げられる共感・感動的体験を通して、生徒は自分自身と対話し、奥底に眠る自分の思いや感情に目覚め、コミュニケーションの根が育まれるのです。

　障害の重い生徒が「気づく・感じる・わかる・できる」プロセスを積み重ねることなくして、発達することは不可能です。そのためには、教師が多角的に実践を振り返り、改善を重ねる必要があります。今後も子どもたちの目が輝くような実践を追求していきます。

前　石川県立小松瀬領特別支援学校　教諭
現　石川県立金沢辰巳丘高等学校　教諭　乗富　晴子

情報教育の充実、コンピュータ等の教材・教具の活用

2 OJTを活用した授業改善
― 知肢併置校の利点活用を通して ―

<キーワード> ①OJT ②併置校の利点活用 ③システムの構築 ④ICT機器

1 実践事例の概要

　本校におけるICT機器の活用状況を調査し、具体的な授業改善に向けてICT機器の活用推進を思考しました。本実践は、この過程において、知肢併置校の利点を活用したOJTを実施し、ICT機器を効果的に活用する場面を広げた取り組みです。

2 授業改善のポイント

　本校におけるOJTは、東京都OJTガイドラインに示された4つの力ごとに、学校経営計画の重点目標から7つの重要事項を並べ、28のマトリックスに分類してあります（P.34 **表1**）。教師は、基礎形成期、伸長期、充実期ごとに、自分の職務や経験年数に応じたOJT課題として、自身に身に付けたい力と発揮したい力をそれぞれ選び、OJT責任者と対象者でペアを組んでPDCAを踏まえた課題解決に取り組みます。

　また、本授業は肢体不自由教育部門の知的障害を併せ有する児童生徒の教育課程であるため、肢体不自由だけでなく知的障害の特性を踏まえた授業づくりが必要となります。今回の取り組みは、ICT機器の活用の視点も含め、「肢体不自由教育」「知的障害教育」「ICT機器の活用」の3つの視点で経験豊富な教師とペアを組み、それぞれの視点で指導・助言を受け、知肢併置校の利点を活用した授業改善に取り組みました。

3 実践例

1．貸出簿の様式を変更
　ICT機器の貸出状況だけでなく授業ごとの活用頻度を把握するために、貸出簿に「授業教科・領域名」の記入欄を追加設定しました。

2．ICTの活用状況の把握
　1学期間の貸出簿の統計をとり、「ICT機器別」「授業別」「貸出者の割合」についての状況を把握しました。この結果から、活用頻度が低いICT機器と授業が明確にな

りました。今回は、ICT機器の活用頻度の低い「書画カメラ」「AAC機器」を自立活動の授業で活用することを、OJTを通して検討しました。

3．OJTの実施と自立活動学習指導略案

対象	肢体不自由教育部門の知的障害を併せ有する児童生徒の教育課程（生徒6名）
単元名	しおり作り（本などに挟むしおり）
生徒の実態	上肢や手指の動作については、可動域や動き方が異なるため、教材や提示方法などは生徒一人一人の実態に合わせて工夫する必要がある。目と手の協応については気持ちを提示物に向かせてから取り組ませる必要がある。また、身の回りの事柄や簡単な言葉かけを理解し、サインや発声等による自分なりの応答、意思表示をすることができる。

【OJTの実施（指導助言の要点）】（図1参照）

肢体不自由教育	知的障害教育	ICTの活用
①活動前に手首や指をゆるめる。 ②手先の動きは体幹を安定させることから始める。 ③提示位置（視線方向） ④可動域を把握し、必要な場合は援助して動かす。 ⑤一人一人の手の動きを考えた教材作り。 ⑥活動中に待つ時間があるときは他の活動をするとよい。	①見通しをもたせるために活動内容をイラスト化し、手順番号順に提示していく。 ②周りの刺激により集中しにくい生徒には、教師の立ち位置に留意する。 ③提示物が光の反射を受けても見えやすいようにする。 ④座席を馬蹄形にすると生徒同士が見合えてよい。 ⑤提示した作業工程が分かりやすいように1つずつ枠で囲みながら取り組ませるとよい。	①活動内容を示したイラストや生徒が作った作品などは、**書画カメラ**や大型テレビで提示すると見やすい。 ②**大型スイッチ**でパワーポイント教材をクリックできるようにすることにより、集中できてない生徒の気持ちを提示物に向かせるのに効果的である。ただし、提示位置や教師の立ち位置などにも留意すること。 ③大型テレビの画像が生徒の位置から見やすいか確認するとよい。

【自立活動学習指導略案】

	主な学習活動	指導上の留意点・配慮事項	評価の内容と方法
導入	・前回作ったしおりを確認する。 ・しおり作りの流れを確認する。 ・身体をゆるめる。	・**書画カメラ**を使用し拡大表示 ・生徒がパワーポイント教材を**大型スイッチ**で操作	・授業者や提示物などに注目できたか。（相互関係評価、行動観察）
展開	・しおり作りをする。 10の行程（選択、押す、貼る、はめ込む、入れる、切る、穴開け、通すなど）	・選択肢を見比べてから一方に手を伸ばして選び、つかみ取らせる。	・よく見比べて選択できたか。（認知面評価、行動観察）
まとめ	・しおりの紹介と発表	・生徒が頑張ったところや良かったところを教師が生徒と一緒に発表する。	・意思表出して発表できたか。（相互関係評価、行動観察）

❹ 具体的な改善点及び成果と課題

【改善点1】

　授業で作成したしおりは小さめであり、書画カメラで取り込んだ画像を大型テレビで拡大提示しました。今までは、作品発表の際に生徒一人一人に作品をまわしながら教師と一緒に確認を行っていたため、実物を間近で見られる点ではメリットがありましたが、少し離れると注目できない様子が見られました。今回、大型テレビに映し出す提示方法をとったことにより、注目する場面が多く見られるようになりました（P.35 図2）。

表1 OJTカテゴリー（教師が身に付けるべき4つの力と学校経営計画の重点目標）

A	学習指導力	①児童生徒の理解	②指導案の作成	③指導計画	④教材・教具	⑤アセスメント	⑥研究授業	⑦実態把握
B	生活指導力 進路指導力	①児童生徒への対応	②進学指導	③安全指導	④キャリア教育	⑤部活動	⑥医ケア	⑦摂食指導
C	外部との連携・折衝力	①学校行事	②交流教育	③進路開拓	④外部専門家活用	⑤保護者との連携	⑥地域との連携	⑦センター校
D	学校運営力 組織運営力	①ICT機器の活用	②組織運営	③執務改善	④分掌の課題解決	⑤危機管理	⑥教育課程	⑦チーム・アプローチ

図1　指導助言内容の集約

【改善点2】

　イラスト付きの工程をパワーポイントで作成し、大型テレビ、ノートパソコン、大型スイッチに接続し、生徒がスイッチを押すことにより提示できるようにしました。

　工程のある学習については、今まで手順表を黒板に並べて提示する方法をとるだけでした。今回はそれに加え、生徒がスイッチを押して一つ一つの工程を大型テレビで拡大表示するようにしました。各工程に注目するとともに、主体的に取り組む様子が多く見られるようになりました（図3）。

【成果】

・拡大提示により注目する場面が増えた。小さな作品が見やすくなり、提示時間の時間短縮にもつながった。

・生徒の主体的な取り組みに広がりが出た。

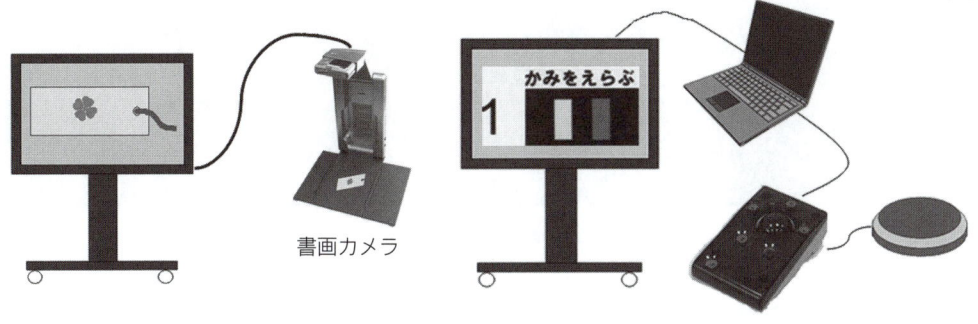

図2　書画カメラの活用　　　　　図3　大型スイッチの活用

- 障害特性を踏まえたICT機器の活用ができた。
- 活用事例を学校掲示板、学部会などで周知し、校内での活用を促した。

【課題】
- 今回のOJTは知的障害のある生徒への視覚支援についてのアドバイスが中心であった。知的障害教育の指導方法についてのOJTも様々な場面で行っていく。
- しおり作りの事前（手順確認）と事後（作品発表）の取り組みでICT機器を活用したが、しおり作りの工程の中にもICT機器を取り入れた授業を行い、ICT機器活用の幅をさらに広げていく。

5 まとめ

　本事例のように、ICT機器の活用頻度が低い授業や機器について、本OJTを通して授業改善に取り組み、ICT機器の効果的な活用例を示すことができたことで、今後のICT機器の活用推進につながっていくことが明らかになりました。また、本授業実施後、OJTとして知肢併置の利点活用を行う若手教師が増え、様々な視点で授業改善を行う経験が授業力向上につながっていると考えます。このように、若手育成を含め授業力向上のための取り組みには、OJTによる授業改善を組織として行うシステムが構築されていることが有効です。

　　　　　　　　　　　　　　　　　　　東京都立多摩桜の丘学園　主幹教諭　岡戸　繁樹

＜参考文献＞
東京都教育委員会（2008）東京都教員人材育成基本方針
東京都教育委員会（2008）OJTガイドライン～学校におけるOJTの実践～
東京都教育委員会（2008）校長・副校長等育成指針

各教科における指導内容の精選等

3 自立活動の視点を生かした授業改善
－知的障害代替の教育課程における教科指導を通して－

<キーワード> 教科指導における学習上の困難さ

1 実践事例の概要

　本稿のテーマは、「児童生徒の課題に応じた授業づくり－自立活動の視点を生かして－」です。自立活動の視点から児童生徒の実態把握を行い、指導内容や指導方法のあり方を見直すことで、個に応じた指導を充実させ、授業改善を図ることができるという研究に取り組んだものです。この研究の主なねらいとしては、以下の2点となります。

- 教科指導の充実や授業改善の観点として自立活動の6区分26項目を活用する。
- 自立活動の視点を個別指導計画の作成に用い、実態を明らかにし、個々の指導目標や指導内容を改訂する。

　特に、肢体不自由の児童生徒の教科学習においては、認知発達に合わせた課題を設定するだけでなく、障害特性や生活経験、環境などから生じている学習上の困難さを分析し、指導を工夫することが必要です。その分析を行うツールとして自立活動の6区分26項目の内容（本校で作成した自立活動内容把握表を基盤とする）を活用します。

2 キーワード「教科指導における学習上の困難さ」

　教科と自立活動の関連を考えたとき、2つの指導には図のように重なる部分があります。この重なる部分を教科指導における学習上の困難さと考えます。教科指導の中でも、必要となる自立活動の指導、例えば「見えやすい配置」や「操作しやすい教材」などを意識することで学習上の困難さが改善され、教科の目標が達成しやすくなると考えます。

　つまり、自立活動の視点とは、「学習上の困難さへ対応することにより教科指導を効果的・効率的に行う」という一つの手段・方法です。学習上の困難さには、「学習グループ全体に共通している学習上の困難さ（教育環境や単元計画のあり方に関する

第2部　実践編

もの）」や「個々が抱える学習上の困難さ（障害特性など実態をもとに捉えられるもの）」があると考えられます。このような捉え方は、ICFの観点である環境因子や個人因子という考え方につながります。そこでICFとの関連をおさえ、改善項目の一層の明確化を図れるようにしました。

❸ 授業改善のポイント

　知的障害代替の教育課程における各教科等の指導内容に即した実態と、自立活動の6区分26項目と関連させた障害に起因する学習上の困難さを捉えた実態という両面から分析しました。目標設定は、知的障害代替の教育課程における各教科等の指導目標に準じました。それを達成するための手だてを実態に応じて2本立てにすることで、個に応じた指導を行いやすくしました。それにより教材・教具や指導内容・方法等の改善のポイントが分かりやすくなりました。

　以下の表は指導案上の個別の実態・目標・手だてです。

		実　態	単元の目標	手だて
児童	算数	・聴覚や触覚を活用して、5までの数の合成を行うことができる。合わせて8以上の数、及び分解の理解が課題となる。	・いくつ入っているか、探索して分かる。 ・音で数を把握できる。 ・合わせて8以上の数についての計算ができるようになる。 ・5以下の数の簡単な分解ができるようになる。	・合成のときは数の合成だけでなく、音でも確かめながら、カウントすることでイメージをもちやすくする。
	自立活動の視点	・視覚障害があり、聴覚・触覚で状況を把握している。【環】 ・身体を動かすときに緊張が入り随意的な動きに困難さが見られるが、音を手がかりとして左手を前方に伸ばすことができるようになってきている。また物をつかんだり離したりすることはできるようになってきている。【身体】 ・探索能力の向上が課題となる。【環】		・仕切りのある容器を使用することで、触探索の際に頭の中にイメージをもって数を把握することができるようにする。 ・探索時に、探索している物や入れる容器が動かないようにする。 ・全体指導のときは、状況等が分かるように聴覚・触覚情報をそばについている教師が伝える。

＊【身体】は身体の動き、【環】は環境の把握の項目と関連した実態

4 実践例

算数の数の学習として、以下のような目標を設定し単元計画を立てました。
- 多少の比較に興味をもち、多い・少ないについて正しく答えられるようになる。
- 正しく数唱したり、具体物を数えたり、順列を考えたりするなどして数の意味について理解する。

この学習グループでは、「多い」を正解できても、「少ない」が正解できないなど、比較を対概念として学習していないという傾向が見られました。また右側と左側を比べているという比べ方に対する困難さや、比較をするときに、同じ地点から比べ始めることの理解が難しいという傾向が見られました。そこで数の学習と合わせて多少の学習を行いました。その際「多いのはどっち、少ないのはどっち」と同時に学習するのではなく、「少ない」に注目し、その言葉の意味を学習できるようにしました。同時に、一対一対応の獲得や、比較するために起点を理解して数えることなど、見ることや自分の身体を使って操作することが、数や量の学習に入る準備として必要ではないかと考えました。そこで、自分の身体の右・左を見分けたり、対象物の右側・左側を見分けたり、方向を理解したりする空間の学習を行いました。

①空間の学習　展開例

学習目標	学習内容と使用教材・配慮事項など
○挨拶をして授業の始まりを知る。 ○身体の準備として「アブラハム」の歌詞に合わせて自分の手や足を動かすことができる。	○学習準備として教室環境の工夫 ・背景との色の対比、距離、配置などの視覚情報を獲得することに困難さがあるため、ブラックボードの使用や視野に気をつけた提示位置にする。また聴覚や触覚など視覚以外の情報でも教材や活動を知ることができるようにする。
○一斉授業「右側どっちかな」 ・自分から見て対象物（カード）の右側が分かる。 ○2人1組で行う学習「右に曲がろう」 ・「右にしか曲がれない」という右屋さんルールで教室から出発し教室に戻る校内探検を行う。どちらの方向が右に曲がることになるのかが分かる。	○右側どっちかな ①魚のカードが登場 ②教師が大きな斧（ダンボール）で「チョップ」の掛け声とともに、魚を半分にする。真ん中に仕切りの線を貼る。 ③「頭としっぽ右側はどっち？」と尋ねる。児童は自分の名前カードを自分が右側と考えたほうに貼りに行く。

②多少の学習　展開例

学習目標	学習内容と使用教材・配慮事項など
	○導入は「空間の学習」の展開例に同じ
○課題別学習 ・一対一対応や数字理解を通して見比べたり数を理解したりできる。	○課題別学習 ・一対一対応による見比べや、起点から具体物を数える練習を個別の課題として行うことで、その後の課題（見比べて少ないを発見する）を達成しやすくなるように設定する。 一対一対応 数字に合わせて取り出す練習
○一斉学習 ・少ない発見器を使い多少の比較を行い「少ないほう」を正しく答えることができる。	○一斉学習 ・比較する対象は、同じもので比較し、多い・少ないという数にだけ注目できるようにした。

5　資料－少ない発見器－

　「少ない発見器」は、少ないほうを左側に入れると、左が上がり〇のところにお皿がいき、「正解」と音声が流れることで正解が分かります。少ないほうを右側に入れると、右が上がり、〇のところとお皿は重ならず音声も流れないため、間違えたことが分かります。天秤の動きをしますが、楽しく「少ない」を発見する道具として使用しました。また「少ない」を置く側を変えることや、比較する数を変えることで課題をステップアップしたり、個別に対応したりできるようにしました。

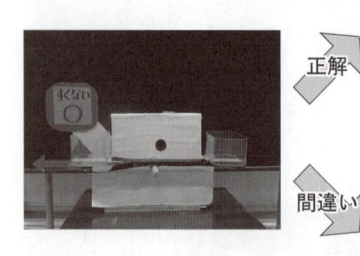

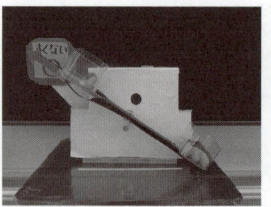

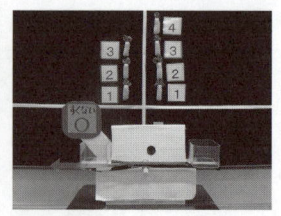

正解が同じ側にある＝簡単
正解が違う側にある＝難しい

ステップアップ

6 まとめ

この学習を通して、児童には次のような変容が見られました。

①「少ない」が分かり、日常生活の中でも数を数える力がついてきた。

②友達の様子を見たり、教師の質問を聞いたりして、自ら考える力がついた。

③見ることがうまくなり目と手の協応が向上した。

以上のことより自立活動の視点は、授業改善における一つの手段・方法となると考えられます。

東京都立江戸川特別支援学校　主幹教諭　金谷久美子

＜参考文献＞
　文部科学省（2009.6）特別支援学校学習指導要領解説　自立活動編
　文部科学省（2009.3）特別支援学校教育要領・学習指導要領
　長崎自立活動研究会（2011.2.20）自立活動学習内容要素表
　伊藤利之・三宅捷太・小池純子編（2008）こどものリハビリテーション医学第2版　医学書院

見通しを立てたり、振り返ったりする学習活動の重視

4 「生活力」をつける授業づくり
―生活に生きるコミュニケーションの力を伸ばすために―

<キーワード> ①支援の精選　②具体物の使用　③支援を受けながらの達成感　④見通しと振り返り

1 事例実践の概要

　本校における知的障害特別支援学校で行う学習を取り入れた教育課程（以下、「Ⅱ類型」とする）の児童は、九九は言えるが2桁の数の大小が分からない、パターン化した問題では答えることができるがパターンを崩されると分からなくなるなど、ある程度のスキルは身に付いているものの、抽象的な概念形成や応用力に課題のある児童が多い傾向にあります。また、特定の教師にはよく話しかけるものの、児童同士で話をしたり、「～してください。」という依頼を発信したりする場面は少なく、コミュニケーション力の弱さも見られました。

　そこで、授業改善の切り口として「各教科等を合わせた指導」を取り入れ、体験的に課題を解決していく中で、教科の学習を生かし、生活に生きるコミュニケーション力をつけていくことができるのではないかと考えました。また、抽象的な思考に弱さをもつ児童に対する、有効な指導や適切な支援とは何なのか検討していきました。

2 「こどもまつりでお店を出そう」の実践

1．設定理由

　生活力を培うために、これまでも小グループで意見を出し合う活動や、全体で発表したり友達の意見を聞いたりする活動を設定し、友達同士のかかわりを大切に取り組んできました。その結果、自分の意見を思いのまま述べる姿から、挙手をして発表するというグループ内の決まりを守り、友達の意見に耳を傾ける姿に変わってきました。しかし、話し合う場面になると下を向いたり、友達の出方を待ったりする様子が見られました。

　そこで、これまでの実践を土台に「こどもまつりでお店を出そう」という単元を設定しました。「こどもまつり」は、毎年2月に行われる、児童にとって楽しみにしている行事の一つです。これまでに、こどもまつりでお店を出したり、買い物学習を経験したりして、お店というものが身近な存在となっているため、学習活動において意

見を出しやすい活動になると推測しました。そして、話し合いや協力をしていきつつ、一つのものを作り上げる経験が、今後の学校生活や日常生活の中で自分で考えながら人とかかわる力を育てていくのではないかと考えました。

2．単元の目標

- 友達の意見を聞いたり、自分の意見を述べたりして話し合いをすることができる。
- 友達と協力して、お店を準備することができる。
- 自分の役割が分かり、店員の仕事をすることができる。

3．指導計画（全30時間）、活動内容、児童の様子

活動内容	児童の様子
第1次　何屋さんにするか考えよう（12時間）	
●「〇〇や」を考える。 ・イメージがもちやすいように「や」と書いた用紙に記入する。理由が書ける児童は、「その理由（〇〇やを選んだ理由）」も記入する。 ●お店を決定する。 ・各班のリーダーに司会進行表を渡し、司会を任せる。リーダーに当てられた児童は、意見を発表する。 ●商品を作る。（商品作りが、予定時間内に終わらなかった班は、相談し、休憩時間にも取り組んだ） ・児童の実態に合わせ、道具を準備し、商品作りに取り組む。	・自分がしたいお店を考え、黙々と用紙に記入したり、その理由まで書いたりすることができた。一人では不安な児童も、教師がそばに付き、落ち着いて考えていくことで、自分がしてみたいお店を考えることができた。また、自分がしたいという思いだけでなく、お客（友達）が喜ぶ姿を想像して考えている児童もいた。 ・リーダーに指名された児童は、用紙をもとに発表することができた。発表を聞き、友達の意見に賛同する姿も見られた。 ・「おりがみ屋」「ヨーヨー屋」「くじびき屋」を決めることができた。 ・商品作りでは、役割が分かり一人で取り組む姿、動きに制限がある児童は、ここは一人でがんばるという目標を決め取り組む姿が見られた。
第2次　お店の工夫をしよう（6時間）	
●お店に必要なものを考える。 ・お店を作るために必要な物は何か、教師の寸劇をヒントに考え発表する。 ・準備物の中から、材料を選び、班内で相談しながら作成する。 ●高等部の生徒に質問する。 ・Ⅱ類型の生徒に文化祭で出店した経験談を聞く、質問する。	・寸劇は興味があり、終始よく見ていた。寸劇後の「お店を作るために必要なものは何？」との質問に対しては、「くじ（商品名）」「おりがみ（商品名）」、「かんばん」という意見が出た。 ・看板を作成するときには、大きさや飾り付けを相談・分担し、自分の役割を果たすことができた。 ・高等部の生徒の話はよく聞いていたが、意見を出すことは少なかった。
第3次　お店を出そう（8時間）	
●お店を出すための事前学習をする。 ・講師（隣接している売店の店員さん）の実技指導を受ける。 ・プレオープンして、接客の練習をする。 ●こどもまつりを行う。 ・班のメンバーと協力し、お店を出す。	・講師に対し、話を最後まで聞いたり、指示に従って挨拶の練習をしたりすることができた。 ・プレオープンでは、あまり面識のない教職員に対して習った接客を行うことができた。 ・こどもまつり当日は、大きな声を出してお客を呼んだり、お礼を言ったりすることができた。
第4次　まとめ（振り返り）（4時間）	
●本単元を振り返る。 ・これまでの取り組みを振り返り、よくできた点、難しかった点等を班で話し合い、発表する。 ・高等部Ⅱ類型の生徒と、お茶を飲みながら、こどもまつりを振り返る。	・スクリーンに映し出された写真を見たり、教師の助言を聞いたりしながら、意見を伝えることができた。リーダーも班で出た意見を全体の場で発表することができた。 ・生徒の質問に、自分の言葉で答えたり、助言やお茶のお礼も伝えたりすることができた。

③ 授業改善の成果と課題

1．見通しの立て方と振り返りの仕方

　単元の見通しを立てやすいように、本単元が終わるまでのスケジュール表を作成し、授業開始時に、前時の復習と本時の内容を確認し、終了時には、本時の内容と次時の内容を確認して終わるように努めました。そうすることで、時間内にできなかった内容を、いつ仕上げられるか、スケジュール表を確認しながら話し合う場面も見られました。また、一つ一つの活動の見通しをもたせるために、話し合いや作業時間にはタイマーを使用しました。それを使用していくうちに教師の言葉かけからではなく、児童から「みんな、もう終わるよ。」と、タイマーが鳴る前に伝える姿や、「もう１個つくれるかな。」と考えながら作業する姿も見られました。

　単元の振り返り場面では、写真をスクリーンに映し出しながら、一枚一枚確認した後、感想を発表しました。以前は定型的な表現をしていた児童が、写真を見ることでより具体的な場面や思いを自分の言葉で発表する姿が見られました。また、高等部Ⅱ類型の生徒へお礼状を手渡しに行った際、「どうだった？」と尋ねられ、「たくさん売れたよ。」など、コミュニケーションを取りながら振り返る姿も見られました。

2．イメージの共有のための具体物

　お店作りに必要な材料や素材をあらかじめたくさん準備しておき、話し合いで出た意見をすぐに具体化できるようにしました。それによって、作業を進めつつ、「何が足りないのか」「どうすればよいのか」などの具体的な問題点や課題を共通認識し、問題解決に向け話し合いながら作業する場面が見られました。例えば、お店に飾る看板作りでは、「小さい段ボールの方が見栄えが良い」という意見に対し、「大きい段ボールのほうがよく見える」という意見が出ました。そこで、両方の段ボールを実際に目で見て確認し、話し合いをしました。この後も、看板の位置や飾りなども話し合いを通して作成していく姿が見られました。

　このように、意見を具現化していくことで、完成のイメージが膨らみ、意欲的に取り組むことができました。

3．「見守る」「任せる」ことで主体性を育む

　「困った状況」の中から解決方法を探す中で、いろいろと試行錯誤す

商品作り

る様子が見られました。その場面で教師がすぐに手伝ったり、必要以上に話しかけたりする支援を最小限にとどめ、児童からの質問や依頼を待ったり、出された意見や質問を分かりやすく整理したり、再度問いかけたりして、児童が解決の糸口をつかめるよう心がけました。その中で、すぐ教師に頼るのではなく、自分たちで協力し合う姿が見られるようになりました。今後も、働きかけすぎ、言葉のかけすぎといった過剰な支援ではなく、精選された支援をしていくことが課題です。

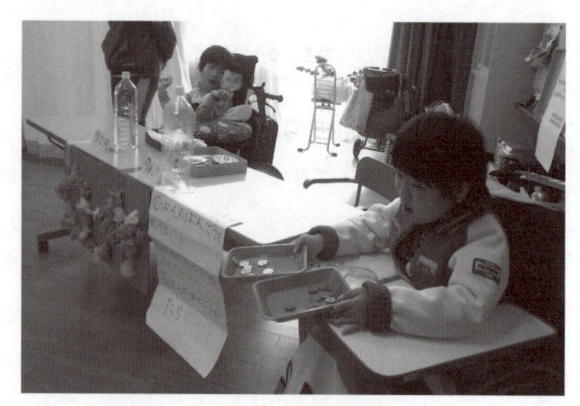

プレオープンの様子

4．達成感を味わい、自己肯定感・自尊心を高める

「本人の力だけでできる活動」だけでは生活経験の幅は狭くなりやすく、課題を大きくしすぎると受け身の学習になりかねません。そこで、児童のやりたい気持ちを尊重しながら、作業の内容を細かく分析し、児童の実態と照らし合わせて、手が届くレベルの課題を設定しました。また、補助具等の作業環境も整えました。それらにより部分的でも自分で決めた活動が達成できた体験が自信につながり、次の作業も意欲的に取り組むことができました。引き続き、児童に合わせたていねいな課題設定が大切と考えています。

④ 事例の評価

1．生活力

本グループならびに本校Ⅱ類型の児童生徒の多くは卒業後も何らかの集団に属し、様々な仕事に携わりながら社会生活を送ることが予想されます。そのためには、人とかかわる力、コミュニケーション力といった生活力を培うことに加え、小学部段階でどのような力を、どのような支援で培うかなど、卒後を見据えた指導、支援が必要となります。

本事例では、生活力といった観点から、本グループ児童一人一人の課題、将来像を個別の教育支援計画、個別の指導計画から見つめ直し、授業をつくり実践してきました。友達同士の話し合いをはじめ、教職員、店員さん、高等部の生徒など様々な人とのかかわりを通して、こどもまつりを成功させたことは、児童にとって大きな自信と

なりました。休憩時間には、これまで以上に友達同士の会話が増え、教師に依頼する姿も増えるなど確かな変容が見られました。

2．「各教科等を合わせた指導」を教育課程に取り入れたことについて

　本校では、「教科別の指導」を主に教育課程が組まれていますが、Ⅱ類型の児童生徒にとっては、前述の発達特性から生活単元学習のような「各教科等を合わせた指導」の必要性が問われています。「教科別の指導」では、学習内容を系統的に積み上げ、短いスパンで効率的な学習計画を立てやすい反面、生活とかけ離れた抽象的な学習内容に陥ったり、一定レベルでの伸び悩みや足踏み状態が続いたりする場合があります。「合わせた指導」では、身近な生活やテーマに即した分かりやすい学習内容を設定しやすく、児童生徒が主体的に取り組みやすいと考えられる反面、偏りのないように様々な教科的要素を取り入れたり、試行錯誤しながら主体的な活動を組織するための十分な時間を設定したりすることの難しさや毎年同じ行事単元の繰り返しになる恐れ、安易な調理単元に陥る可能性があるなどの意見も出されました。「教科別」か「合わせた指導」か、お互いの利点や欠点を出し合い、多様な考え方の上に立ち、論議した結果、両者を相補的な関係と位置づけ、「教科別」でつけてきた力を「合わせた指導」の中で活用することにより、生活に生かせる力、生活の中で使える力としてより定着できるのではないかと考え、「合わせた指導」を取り入れた教育課程を編成していくことの必要性を確認することができました。

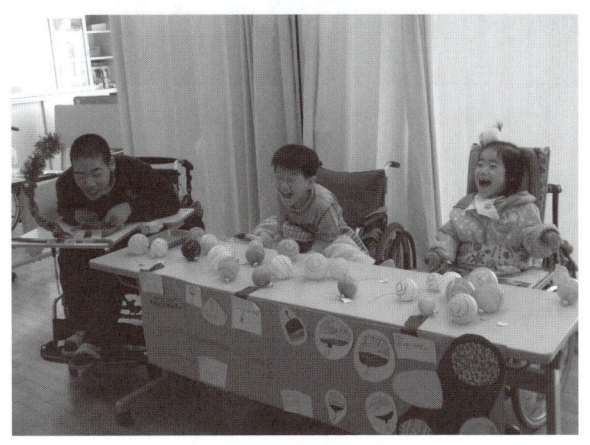

こどもまつり当日の様子

岡山県立岡山支援学校　教諭　小野　隆章

＜参考文献＞
　肢体不自由教育研究会（2008）領域・教科を合わせた指導「肢体不自由教育」No.185
　全日本特別支援教育研究連盟（2010）知的障害教育における教科別の指導「特別支援教育研究」No.637

自立活動における指導計画の作成と内容の取扱い

5 教材・教具を効果的に活用した自立活動の指導

<キーワード>　①アセスメントチェックリスト　②教材データベース　③発達水準　④教材検索

① 実践事例の概要

　本校では、児童生徒の実態把握と指導目標、具体的な指導内容を設定するため、「アセスメントチェックリスト」を作成し、その入力結果から教材・教具を選択していくシステムの開発に取り組んできました。このシステムがうまく機能していくためには、教材・教具を発達段階や指導目標に応じて分かりやすく整理、配置しておくことが必要となりますが、教材・教具のデータベース化と検索システムの導入及び教材・教具と教材室を整備することで対応してきました。これにより個別の指導計画がより具体的となり、新しい経験の浅い教師にとっても指導内容の設定が容易になりました。また、学校の教材・教具が充実することで、指導の展開や指導のつながりも充実してきました。

② 自立活動の充実に向けた改善ポイント

１．必要な教材・教具を学校の備品として整備する

①現　状

　発達段階や個々の特性に対応した教材をすべて学校に整えておくことは容易ではありません。市販の教材では対応できないこともよくあります。そのため担当教師が個人で教材を準備して授業に使っていくことになります。このことが準備時間や費用の面で担当教師の大きな負担となり、担当教師が替わったときの指導のつながりにくさになっています。

②改善策

　使われていない教材・教具も含め、学校中の教材を全部集めて、ねらいや使い方により整理し、壊れた物の修理や足りない物の補充を行いました。また、不要物や100円グッズなどの安価な材料を使った教材・教具の開発を行いまし

格安で作れる教材「指押し棒」

た。例えば、写真の「指押し棒」は、板に穴をあけて棒を入れ、押し込む教材です。棒はダボと呼ばれるもので、40個100円で販売されています。指先の力の調整（固有感覚活用）や目と手の協応、終点の理解などが課題となります。このような手作り教材が中心ですが、日々の指導に活用されるようになってきました。

2. 使いやすい教材室の整備とパソコンによる教材データ管理システムを作る

①現　状

　校内には教材室が2カ所ありましたが、使われなくなった大型教具や壊れてしまった教材・教具でいっぱいでした。逆に、よく使われるような教材・教具は各教室に分散し、どこに何があるのか管理できない状況でした。また、個人の教材も増えていたため、各教室も教材がいっぱいになっていました。

②改善策

　教材室を片付け、分類収納用の棚を設置し、細かな教材はそこに収納することにしました。大型教材については、教材・教具に合わせた収納しやすい棚を作り、探しやすく、取り出しやすい構造にしました。教材の発達的分類については、「感覚と運動の高次化理論」（宇田川2007）に示されている8つの発達水準を利用しました。

　また、分類して収納した一つ一つの教材データに、教材の目的や作り方、使い方、使用例などを記載した「教材紹介シート」を作成し、データ化しました。さらに、データ化した「教材紹介シート」を発達水準による検索と自立活動の6区分による検索ができるように検索システムを構築しました。データは校内LANを使い、つながっているパソコンであれば、どこからでも検索できるようにし、本校ホームページからも見ることができるようにしました。

3. アセスメントチェックリストと教材データベースをつなぐ

①現　状

　発達の考え方や捉え方の違いにより、様々な発達観がありますが、課題設定をする際、発達観が違うと共通理解が難しかったり、発達の評価が変わってきたりすることがありました。これまで共通の発達観を基盤とする「アセスメントチェックリスト」の作成に取り組みましたが、具体的指導とのつながりが分かりにくいものでした。

②改善策

　今回取り入れた「感覚と運動の高次化理論」にある領域別評価項目は、8つの発達水準と14の領域で構成されています。評価項目をチェックしていくことで、対象児がどの発達水準にいるのか、領域別の個人内差はどのような状態なのかを確認する

8つの発達水準

Ⅰ	水準感覚入力
Ⅱ	水準感覚運動
Ⅲ	水準知覚運動
Ⅳ	水準パターン知覚
Ⅴ	水準対応知覚
Ⅵ	水準象徴化
Ⅶ	水準概念化1
Ⅷ	水準概念化2

ことができます。本校では、14項目の中から知恵領域を対象に各水準から10項目を選択して独自のアセスメントチェックリストを作成しました。このチェックリストを活用し、発達水準と教材データベースをつなぐことで、個々の具体的課題設定が容易になりました。個別の指導計画を作成する際にも、具体的教材を使った課題を盛り込むことができ、指導内容の充実につながっています。

③ アセスメントチェックリストと教材・教具データベースの活用例

小学部3年生女児のアセスメントの結果です。このグラフより、発達水準はおおよそⅡ～Ⅲ水準であることが分かります。実態としては、視線や表情、声や手の動きで気持ちや欲しい物を伝えることができますが、好きな活動以外のことにはあまり興味がなく、物に触れてもすぐ放したり机から落としたりするなど興味や活動が続かない面が見られます。このことを考慮し、始点終点の理解や完成による達成感、成功感の理解を発達課題として考え、次の教材を選択しました。

小学部3年女児の発達水準

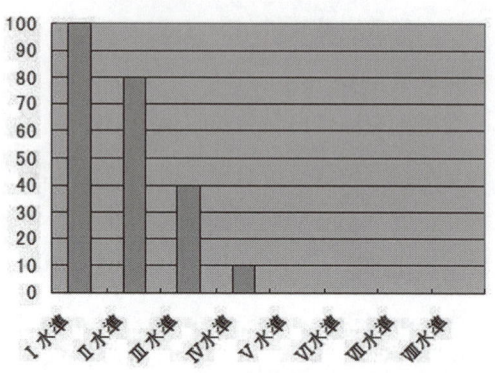

ビー玉入れ（Ⅱ水準） 　テーブル琴（Ⅱ水準） 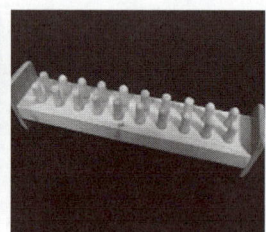　棒押し（Ⅲ水準） 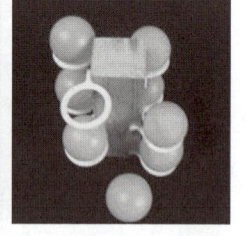　ピンポン球のせ（Ⅲ水準）

④ 成果と課題

今回の取り組みにより、新しい経験の浅い教師にとっても実態に応じた教材選択が容易になり、充実した授業づくりにつながっています。ベテランの教師にとっては、さらに発展させた指導を考える際の参考として使われることも増えてきています。使い方や使ったときの様子をデータベースに加えていくことで、その教材を使った指導そのもののレベルアップが図れるのではないかと考えています。

学校で管理されている教材を使うことで、教材を考えたり作ったりする時間を教材を使った授業展開を思慮する時間に充てることができ、授業の充実にもつながっています。また、教師の自立活動における専門性の向上という視点からも、検索項目にある発達水準や自立活動の6区分などを手がかりに教材を検索していくことで、個々の発達や指導目標への意識が深まってきました。

　今後、アセスメントチェックリストについては、大まかな発達水準だけでなく、発達の個人内差を調べることができるようにすること、認知面だけでなく運動面やコミュニケーション面のチェックリストも充実させることなどがこれからの課題です。

　また、教材・教具データベースについては、授業に役立つように内容を充実させていくことやホームページを通してどのように公開していくのかについても検討を進めたいと考えています。放課後支援の事業所や進路先、他の特別支援学校や特別支援学級からの問い合わせも多く、誰もが使えるようなネットワークシステムが求められています。

❺ 全体的評価

　今回の取り組みを通して、個別の指導計画により具体的指導課題を設定していくことができるようになり、指導内容の充実にもつながっていったと考えていますが、それだけでよりよい授業づくりができるわけではありません。このシステムの校内への浸透も、まだ十分ではありません。個々に応じた指導を進めていくためには、個々の実態把握を適切に行い、理解していくことが大切になります。また、教材・教具についても、目的や使い方、指導方法などの十分な吟味と向上を目指す取り組みが重要となってきます。教材・教具があることで安心するのではなく、いかに活用していくかを追求していかなければならないと考えています。

奈良県立奈良養護学校　教諭　高橋　浩

＜参考文献＞
　宇佐川浩（2007）感覚と運動の高次化からみた子ども理解　学苑社

情報教育の充実、コンピュータ等の教材・教具の活用

6 子どもの可能性を引き出すICTの活用法を探る
－A児のタブレット端末活用の実践を通して－

<キーワード> ①コミュニケーションがとれる楽しみ、喜び　②コミュニケーションをとる自信
③コミュニケーション能力の定着、般化

1 実践事例の概要

　A児は重複障害学級に在籍する肢体不自由児で、学習の際には身体の動きの制限が多く、言葉によるコミュニケーションも困難です。しかし、人とのかかわりに対する意欲は高く、身近な人とジェスチャーや自分なりの発声でコミュニケーションをとりたいという意欲は強くあります。指導者は、A児のおおまかな意思をある程度理解できる部分はありますが、他の人や児童には伝わらない状態です。これまで、A児は休み時間にタブレット端末を用いたゲームなどにより意欲的に活動し、帰宅時には保護者のスマートフォンを触って楽しんでいる様子がありました。そこで、A児の実態に合わせ、タブレット端末をより適切かつ有効に活用しコミュニケーション能力の育成を目標とする方法を探っていきたいと考えました。

2 授業設計と改善のポイント

　上肢の動きに制限のあるA児の実態に合わせ、タップとフリップのみで操作できるタブレット端末を用意しました。コミュニケーションの学習では「Drop Talk」というアプリケーションを活用しました。これは、シンボルの作成、音声の入力、シンボルの数の変更が自由にできるアプリケーションです。

Drop Talkのアイコン

3 授業改善の成果と課題

1．朝の会について

　まず取り組んだのは、友達や教師と自分のかかわりが分かり、簡単な対応などで目標を達成できる朝の会です。朝の会は、同じ会順が繰り返されることでA児は次に何を行うべきか理解しやすいからです。朝の会で活用する道具や児童、教師の顔を撮影してシンボルを作り、音声を入力し、朝の会用のキャンバスを「Drop Talk」に用

意しました。

　A児は、朝の会の司会を繰り返し行うことで、自分自身に他の児童たちの視線が向き、意識してくれていることを喜んでいました。今まではジェスチャーや発声で他の児童を呼んだり、具体物を指さしたりしていましたが、他の児童は、A児の呼びかけや指さしに気づくことができず、最後は指導者が「○○さん呼んでるよ。」「次は時間割ね。」と言葉をかける通訳のようになり、A児の思いは十分に満たされていませんでした。しかし、タブレット端末を使ってシンボルを押し、その音声で呼ばれることで他の児童から「はい。」という返事が出るようになり、他の児童がこれに気づくと、挨拶の順番を決めるときに「ぼくを押して。」「○○くんが先。」と頼まれたり、言葉をかけられたりすることも出てきました。

朝の会用のキャンバス

　また、A児は、この朝の会を繰り返す中で、シンボルを使って工夫をするようになりました。時間割の連絡をB先生が担当するなど、会順をどの児童、どの教師に任せるのかある程度決まっていましたが、キャンバスをスライドさせ、今までは担当していなかった児童や教師のボタンを押して指示を出したり、

朝の会での様子

あるときは自分の顔写真を押して自分でするという意思を表したりする行動も出てきました。一人で伝えられた喜びを感じると同時に、A児の創意工夫が見られた場面でした。その後の朝の会での笑顔の多さからも、タブレット端末を通してA児は他の人とかかわることを楽しむことができていたと感じます。

　現在は、司会側と聞く側どちらにも対応できるキャンバスが用意でき、シンボル数も6個から9個になり、対応の幅が広がりました。

2．学校行事について

　朝の会が順調に軌道に乗ってきたので、他の学習にも取り入れることを考えました。そこで取り組んだものが、地域の人との交流等の学校行事での司会です。学校行事は会順が決まっているので「Drop Talk」を使って事前に行事のプログラムをA児と一緒に録音しました。シンボルは、いずれ算数の学習に生かしていきたいと考え司会を表すマイクと数字の組み合わせで作りました。言葉を代えることでどんな行事でも使えるようにしました。学校行事では進んで集団生活に参加し、簡単な役割を果たすというこ

学校行事用のキャンバス

とを目的に取り組みました。

　交流及び共同学習では、大勢の人がいて失敗が許されないような雰囲気の中で、スムーズにできるか心配していましたが、A児の表情から、その状況を楽しんでいるような姿が見られました。朝の会で人とのかかわりをしっかり楽しんできたからだと考えられます。失敗はあったものの終始笑顔で司会の役割をすることができました。交流後、周りの教師から「上手だったね。」「すごかったね。」と声をかけられ、A児はうれしそうな表情を見せていました。言葉を代えるだけでいろいろな場面で使えるので、交流だけでなく様々な行事で同じように利用できました。その後の児童生徒委員会では学校行事、全校朝会の司会等の役割を自ら挙手してやりたい気持ちを表す姿からも、A児は、司会やはじめの言葉などの役割を数多く経験してきたことで活動に自信がついてきたと考えられます。

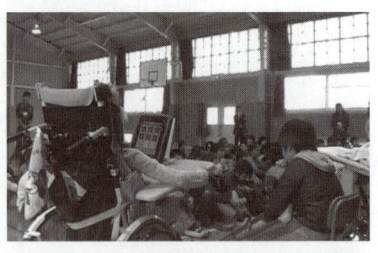

交流及び共同学習での司会の様子

学校行事での司会の様子

3．買い物学習について

　校内だけでの学習にとどまらず、校外学習でもこれまでの学習を利用できないかと考え、買い物学習の実践に取り組みました。ことば・数の学習では、その時間を利用し、週1回、作業所の野菜販売の時間に出かけて買い物をしています。また、学期1回の校外学習では、好きな玩具の購入、食事の注文、支払い、切符の購入等を行っています。

買い物学習用のキャンバス

生活単元学習では、作業的な学習をした後の楽しみとして、月1回近くのコンビニへ買い物学習に出かけています。このように数多くの買い物学習の場を設定しています。「Drop Talk」で使用して、「これください」「財布からお金を取ってください」「ありがとうございました」など必要なものに絞ってシンボルを用意しました。この学習では、教師の援助を受けながら身近な公共施設等で目的に合った買い物をすることを目標に取り組みました。

　「一人でできたね」という言葉かけにA児は満面の笑みを見せ、一人で買い物をできたことを非常に喜んでいました。知らない人との出会い、校外での初めての場所という不安要素もありましたが、A児は堂々と買い物をしていました。これまでに多くの場で司会や

プール利用券購入の様子

集会の役割を担ってきたことが大きな自信になっていたからだと考えられます。

　また、新たな発見もありました。お店での購入時、周りの環境や騒音でＡ児の思いが伝わらないという課題が出てきました。ショッピングセンターで食事の注文をする際、タブレット端末のスピーカー音量に限界があるため、音を聞き取りづらいという場面

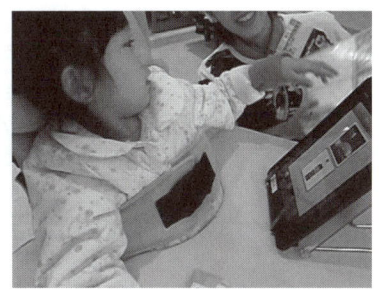

食事の注文の様子

がありました。今後は、スピーカーを設置しなければいけないと考えていたところ、店員が気づいて店外に出て近くで聞き取る対応を取りました。このことで、このような児童がいることを周囲に伝えるいい機会になったと感じました。

④ 事例の評価

　この実践で、Ａ児のコミュニケーション能力が大いに育ったと感じました。実践を重ねていく中で、Ａ児はもともとコミュニケーションをとりたいという強い思いがあり、ある程度の能力は備わっていたのではないかと考えるようになりました。そして、その能力をタブレット端末が表に引き出してくれたのではないかと推測するとともに、これまでＡ児に備わっていた能力を発揮できていなかったのではないかと反省させられました。障害のある児童にも学習環境を整えることで、能力を十分に発揮できることを実感しました。今後、短いスパンで考えると、自由選択をするためにシンボルを増やしたり文字の学習にも取り組んだりしてＡ児が文字を習得することで、さらにコミュニケーションの幅が広がっていくのではないかと考えています。長いスパンで考えると、普段の生活でも学校で実践したことが生かせるように家庭と連携を図っていきます。スマートフォンでも同様にできることを知らせるなどして、Ａ児にとって将来への自立に生かせる実践を行い、一般化できるように取り組んでいきます。上肢の動きに制限があり、言葉による表出が困難なＡ児にとっての将来を考えると、タブレット端末は車椅子同様の自立支援具と考えることもできるでしょう。また、Ａ児のように支援具を活用することで、自立と社会参加につながっていくことを、身近な人だけでなく地域の人にも啓発していく必要があると感じています。

　最後に、今回の実践に関して、タブレット端末を活用することが目的ではなく、指導目標を達成するツールとしてタブレット端末をどの場面でどのように活用すれば効果的なのかをしっかり検討し、見極めることが大切であることを学びました。

佐賀県立金立特別支援学校分校舎　教諭　真名子寿春

姿勢や認知の特性に応じた指導の工夫

7 肢体不自由のある子どもの障害特性を踏まえた指導の工夫
― 小学校理科における方向や方角の指導に焦点を当てて ―

＜キーワード＞　①教科指導　②障害特性の理解　③個別の評価基準　④指導上の手だて

1 実践事例の概要

　肢体不自由の障害特性が授業に及ぼす影響については、これまでも指摘されており、特別支援学校学習指導要領改訂においては、各教科の指導を行う際の配慮事項に、姿勢や認知の特性等に応じて指導の工夫を行うことが新たに設けられました。本事例は、視覚認知障害のある小学部4年生の理科の指導のうち、特に学習が難しいと考えられた「方向や方角」に関する指導に焦点を当て、教科の下支えとなる自立活動の学習を関連させながら、学習上の困難に対する指導の工夫を行った実践の成果及び課題を検討したものです。

2 授業設計と改善のポイント

1．児童の実態

　児童Aは、脳性まひの小学部4年生の男児です。小学校の各教科を中心に学ぶ教育課程で学年相応の内容を学習しています。上肢や手指の操作にぎこちなさがあり、積木を積み上げたり、細かい物をつまんだりすることが苦手です。また、体幹の力が弱く学習時に姿勢が崩れてしまうことが多くありました。学習や生活の場面ではこのような身体面の課題に加え、図やグラフから必要な情報を見つけることができなかったり、列の並びを意識してうまく整列ができなかったりする様子も見られました。上肢の操作性の実態以上に書く字の形が整わなかったことやWISC-Ⅲの結果から、形の操作や空間情報を把握したり処理したりすることが苦手であることが示されたため、児童Aの場合は上肢の障害だけでなく、見え方や空間認知力の弱さなどの視覚認知障害が学習に大きな影響を及ぼしているのではないかと推測しました。そこで、実際の指導ではこのような児童Aの実態を踏まえ、前年度の理科の学習評価を分

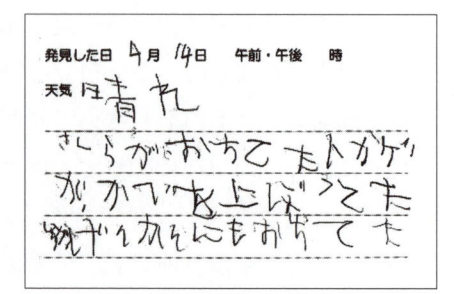

図1　児童Aが書いた字

析し、第4学年の理科の指導方針に加え、自立活動の指導についても検討することにしました。

2．前年度の理科の学習評価と今年度の指導方針

前年度の理科の学習評価を分析すると、「光の性質」や「太陽と地面の様子」など方向や方角が関連する単元で顕著なつまずきが見られました。しかし、それ以外の単元では、第3学年のポイントとなる自然の事物・現象の差異点や共通点に気づき、比較して考えることができており、学年の目標はおおむね達成できていました。このような結果から、まず自立活動においては、上肢の操作性の向上に加え、物をよく見て操作することや方向にかかわる空間認知力を高めるための指導を行う必要があると考えました。次に理科の指導においては、表1のように、障害特性である上肢障害が及ぼす操作性への影響と視覚認知障害が及ぼす捉えにくさに対する手だてを年間計画に照らし合わせて検討しました。

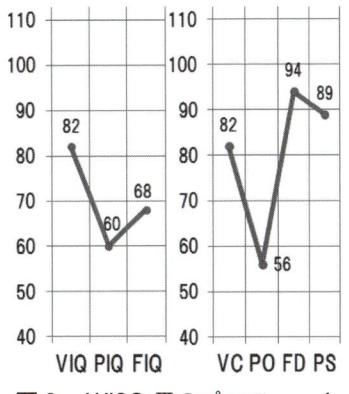

図2　WISC-Ⅲのプロフィール

表1　前年度の評価を踏まえた理科の年間の指導方針（一部省略）

単元名・単元目標	影響が想定される障害特性	想定される学習上の困難	手だて
空気と水の性質 ・閉じ込めた空気と水の体積や圧し返す力の変化を関係付ける。	上肢障害 視覚認知障害	・実験器具の取り扱い ・目盛りを読みとって変化を捉えること	・教師が組み立て、安全にできることは本児が行う ・実験をビデオやデジカメで記録して拡大したりスローで見たりする
電気の働き ・乾電池のつなぎ方や光電池と光の強さと電流の強さを関係付ける。	上肢障害 視覚認知障害	・回路の組み立て ・細かい教材の取り扱い	・組み立てを教師が手伝う ・背景色の工夫、教材を見やすい入れ物に入れる
人の体のつくりと運動 ・人や動物の体のつくりや運動を関係付ける。	視覚認知障害	・図の骨と筋肉を見分ける ・関節の曲がる方向の理解	・色分けされた図を使用する ・自分の体や模型で曲がる方向を確認する
天気の様子 ・天気と気温の変化や水と水蒸気とを関係付ける。	視覚認知障害	・グラフや温度計の読み取り	・グラフは拡大し色分けする ・教師と一緒に見るべき部分にマークする
月と星 ・月や星の動きと時間の経過を関係付ける。	視覚認知障害	・方角、方向の理解 ・夜間の観察 ・写真の読み取り	・図への方角の記入 ・模型や写真での観察 ・教師と一緒に見るべき部分にマークする

③ 授業改善の成果と課題

1．自立活動の指導

自立活動の指導では、積み木ブロックの操作やひも通し、タッチパネルパソコンで数字をより早く探す学習などを行い、上肢の操作性を向上させることや物をよく見て

操作すること、方向にかかわる空間認知力を高めることを年間を通じて指導しました。指導を続けるうちに、積み木を積むときやひも通しのときに見本をよく確認し、前方からだけではなく、左右や裏からの見え方にも気をつける様子が見られたり、パソコンでの数字探しで、画面全体を広く見て数字を探したりすることができるようになってきました。また、自立活動の時間以外でも、徐々に周囲の状況を確認して整列することができるようになってくるなど、全体を捉える力がついている様子が見られてきました。

身体の正中線を越えて左右の手それぞれで積み上げる

前後左右の方向から確認しやすくするために回転板上で積み上げる

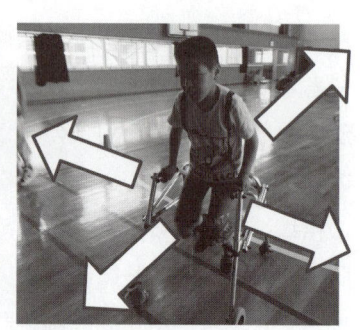

前後左右を意識して動いたり、周囲の状況に合わせて整列したりする

2．理科の指導

　理科では、上肢障害の困難に対する手だてとして実験器具を置く位置を操作のしやすい設定にしたり、器具や教材の組み立てや実験の操作を児童Aの指示のもと教師が援助したりしました。また、記録量に配慮したワークシートの作成を行うことで書字にかかる時間の削減も行いました。視覚認知の困難に対する手だてとしては、教材や図、表などを提示するときはその内容を丁寧に言語化して伝えたり、拡大鏡やデジタルカメラを活用して実験などを観察しやすくしたりする工夫を行いました。このような手だての結果、注目するべきところに自ら印をつけたり、指をさしたりしながら確認する様子が見られ、わずかな変化を捉えて見比べながら変化の要因を考えるといった学習の成果が見られました。特に難しいと考えられた第4学年の「月と星」にかかわる単元は、前述の自立活動の指導で成果が表れはじめた時期から指導を行いました。児童Aの見え方を考慮して星空の観測に代えてビデオ教材や写真を活用したり、方角や方向をより意識できるように教師と一

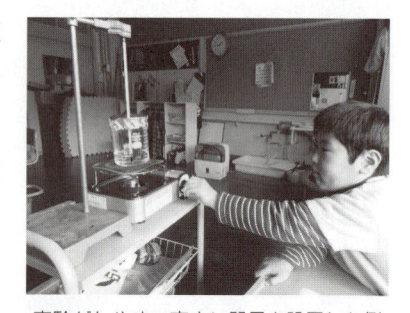

実験がしやすい高さに器具を設置した例

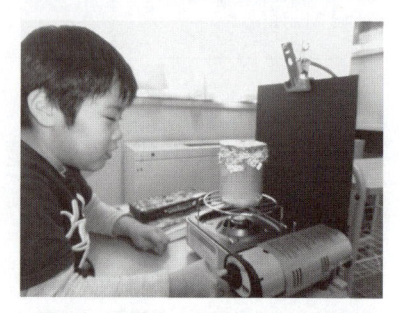

見え方に配慮し、背景の色を工夫する

緒に必要な情報を画面上に書き込みながら学習したりするなど、単元ごとに**表2**のように児童Aの実態に合わせた手だてを講じた個別の評価基準を設定して指導しました。

　この単元では、天体の動きと時間とを関係づけたときに動く距離の理解が難しくなるなど、十分に達成できない部分もありましたが、「月と星」にかかわる単元全体を見渡すと、児童Aが月の動きを予測して動く方向や方角を捉えて答えることができたことや、資料から星を見つけ星座を結ぶことができるなど、当初理解が難しいと予想された方角や方向にかかわる目標をおおむね達成することができました。

表2　「月と星」にかかわる単元の個別の評価基準（抜粋）

単元名	第〇次	特に重視する評価の観点				個別の評価基準
		関心意欲態度	思考表現	技能	知識理解	
月の動き	1	○			○	関 月食の連続写真を見ることで月の形や位置の変化に興味・関心をもち、月の位置の変化を調べようとしている。
	2・3			○		思 月は形が変わっても、東の方から西の方へ動くことを予測し、自分の考えを発表したり、書字量やフォントの大きさに配慮したワークシートに書いたりすることができる。
	4・5		○		○	技 ビデオ教材で月の動き方を見ることで、時間とともに月の位置が変化していく様子を観察することができる。
						知 月は形が変わっても、時間がたつにつれて東の方から西の方へ動いていくことを理解している。

④ 事例の評価

　自立活動の指導において児童Aに空間認知力を高める指導を行ったことと、理科の指導において必要な手だてを講じたことで、方向や方角の理解については一定の成果を挙げることができ第4学年の理科の目標はおおむね達成することができました。しかし、今後さらに学習内容が難しくなってきた際に障害特性に応じて手だてを講じながら学年の目標を達成していくためには、児童Aの視覚認知の課題のうち、空間認知にかかわる実態をさらに把握していくことや、自立活動を含めて指導内容や指導上の手だてを検討していく必要を感じています。また、本校の教科指導は理科に限らず本実践のように、その年度に担当する各教師が単元レベルでその都度必要な指導の工夫を行っている状況です。現状では当該学年の目標を達成することが難しい場合もあります。今後は、各学年の目標を達成するために、学年間の内容の関連や教科間の関連を踏まえて指導内容の精選による単元設定を検討していく必要があると思います。

長崎県立諫早特別支援学校　教諭　西村　大介

＜参考文献＞
　筑波大学附属桐が丘養護学校（2005）肢体不自由教育における小中高一貫の教育計画と評価―学習評価の改善を通して実現する「個の教育的ニーズ」に応じた指導―

姿勢や認知の特性に応じた指導の工夫

8 肢体不自由児の見え方に配慮した授業実践
― 視野把握のための機器の活用から授業改善へ ―

＜キーワード＞　①視覚　②見え方　③視野　④タイル教具

1 実践事例の概要

　齊藤ら（2008）による国立特別支援教育総合研究所の課題別研究報告書の中でも述べられているように、肢体不自由教育の対象となる児童生徒の多くが、脳性まひに関連して視覚に何らかの課題を抱えています。沖縄県立泡瀬特別支援学校（以下、「泡瀬特支」とする）においても、児童生徒に同様の実態があり、担当教師は見え方の実態を把握したいと考えていました。

　そこで、児童生徒の見え方の把握に焦点を当てた校内での研究に取り組み、先行研究を援用した視機能の状態を見直すためのチェックリスト作成や見え方をチェックするための道具を制作し活用しました。しかし、結果をイメージしづらいことや、複数の教師で共有しづらいことなどが課題として挙がってきました。また、視野という視機能の測定に関しては、上記の課題に加え、その測定方法自体に問題がありました。そのため、教師が簡単に実施できる視野把握方法の検討と把握結果がイメージ画像として見ることができ、結果情報の共有化を目指した外部機関との連携が求められました。そこで、工学的な知識と技術を提供できる沖縄工業高等専門学校（以下、「沖高専」とする）と連携し、機器開発に取り組みました。

　連携した取り組みは3年目に入り、課題として挙がっていた結果のイメージ化の問題は、視野範囲画像を提示できるようになったことで解決に向かい、測定方法の問題は、結果提示用のアプリケーションを使用することによって、画面の指示に従って測定でき、測定範囲の結果イメージ図を見ることができるようになっています。

　測定時の判断基準等、使用にあたっての課題はまだまだ残されていますが、多くの教師が機器を活用し、測定を実践することによって課題解決に向かうことが期待できます。

　本稿では、対象児童の見え方を把握するために行った実践の内容と、結果を踏まえた授業改善の一事例を報告します。

❷ 授業改善のポイント

　授業改善のポイントは、対象児童Aの見え方に関する特性を複数の教師や保護者と共に情報共有し、特性に応じた教具の工夫を行ったことにあります。児童Aの視野の範囲を把握し、見えやすさに配慮した教具を活用して学習課題に取り組ませるための工夫を取り入れました。

　特別支援学校学習指導要領解説によると肢体不自由である児童生徒に各教科の指導を行う場合の配慮として、「児童生徒の認知の特性に応じて指導を工夫することも重要である」とあります。開発した機器などの活用により、児童Aの見え方に関する特性をしっかりと把握できたことは、結果として児童Aの視知覚認知の特性に応じた指導の工夫につながりました。

❸ 実践例

　表1に示す児童Aの算数の教科学習は、体験的な活動を通して具体的に操作できるような配慮のもと進められてきました。2年生の数と計算の領域では、算数セットのタイルや担任が制作した発泡素材のタイルを使用し、増えたり、減ったりする数の性質を自分の手を使ってタイルを操作することを中心に学んでいました。しかし、学習時に集中して物を見ようとするときには、20cm程度まで顔を近づけた姿勢になり、操作に手間取っていました。また、操作の途中でタイルを見失ってしまったり、探している間に課題を忘れてしまったりすることも見られました。そこで、このような児童Aの様子から、学習時の姿勢保持や手指操作に関する課題への取り組むとともに、見え方に関する実態を丁寧に捉えて児童の特性を解釈し、児童に合ったタイル教具が必要であると考えました。

表1　児童Aの様子

> 女児　小学部2年生（準ずる教育課程）
>
> 　車椅子自力移動可能、上肢のまひの程度は軽く、右手で鉛筆を持ち書字可能。物を数えるときはポインティングを行うが、2位数になると数え飛ばしが見られる。たし算やひき算をするときには、両指を利用しながら計算をしている。

1．見え方に関する実態把握

　まず、学級担任が実施できる見え方チェックを行い、さらに、フロスティッグ視知覚発達検査で視知覚能力の特徴を捉えました。フロスティッグ視知覚発達検査は、検査実施者の資格が求められるため、経験を積んだ検査者と連携することで結果を得ることができます。

さらに、どの程度の範囲まで見えているのかという視野範囲の状態を、沖高専と連携して開発した視野把握のための機器を使用して測定し、結果画像を用いながら児童Aの見え方に関する状態像を明確にしていきました。結果から、児童Aは見ることに関してかなり苦手なことが分かりました（**資料**）。

奥村ら（2010）の作成した「見る力に関するチェックリスト（学童期用）」を活用した評価やフロスティッグ視知覚認知能力検査の結果からも、見る力に関する力が全体的に弱いことが捉えられました。中でも「視野を広く使って、正確に視線を移動させる力」としての周辺視野や眼球運動に課題が見られました。

2．指導方法の工夫

結果、児童Aの特性に合わせて、**表2**のようにタイル教具の改善を行いました。制作にあたっては、芳賀（2010）の中での紹介されているパタパタタイルを応用しました。

2年算数「けい算のしかたを考えよう（学校図書）」の指導では、ブロックの代わりに制作したタイルを使用して、一の位の数字を足したり、引いたりする際に、タイルが視野範囲から大きく外れないようにしました。一の位で使用するバラタイルは、指で軽くめくることで裏返したり、表に返したりすることができるので、以前のように操作の途中でタイルを見失ってしまったり、探したりすることが見られなくなりました。

図1に、制作したタイルを使用した場合の見え方のイメージ図を示します。**図2**には、改善前に使用していたタイル教具を使用した場合の見え方イメージ図を示します。結果提示用のアプリケーションを使用してイメージ化した図1と図2を見ると、見え方の実態がイメージ図で共有できるようになりました。これらのことか

表2　タイル教具の改善

対象児童の特性	改善内容	製作教材・教具の工夫点
物を捉える目の力の弱さ	●課題となる対象物を見えやすくするために、図と地のコントラストを考えて、見る指標の色を捉えやすい色に変える。	○タイルを置くマグネット板を黒地にして、図の色が生えるようにする。○タイルの色に、オレンジ色のフェルトを使う。
視野範囲の狭さ	●一点注視時の視野範囲を考慮して、その範囲内に収まるようにフェルトタイルの大きさを考える。	○バラタイル1個の大きさを1.5cm内で製作する。棒タイルの大きさを15cm以内で製作する。
手指動作の制限	●比較的自由に動く右手人差し指を使って、簡単に操作できるように軽い形状にする。	○パタパタタイルの形状をまねて製作する。（芳賀雅尋　2010）

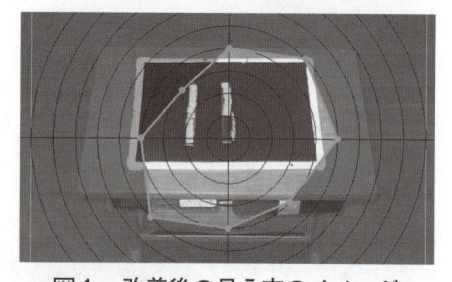

図1　改善後の見え方のイメージ

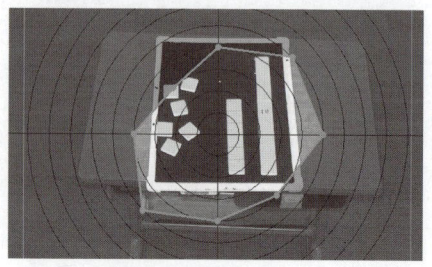

図2　改善前の見え方のイメージ

ら、児童の特性を理解することに役立ち、授業の改善へとつながっていきました。

❹ 資料

項目	結 果/様 子
視力チェック	〈視能訓練士訪問時のチェック結果より〉 ●強い乱視　内斜視　下斜視　メガネ使用時　（右0.3　左0.25） 　右30cm 0.1　10cm 0.3　左30cm 0.15　10cm 0.25 ●めがねは常時かけることで見え方が落ち着きます。メガネをかける焦点を合わせようとします。斜視があるため、提示文字はポイントを大きくし、間隔を広くとるとよいでしょう。優位眼は右。
眼球運動チェック	〈指標：蛍光ピンクの直径10cmボール使用〉 ●テンポよく指標を見る目だけを動かすことが難しく、顔を指標へ向けた後でゆっくりと注視します。
視知覚チェック	〈フロスティッグ視知覚発達検査実施〉 |	視覚と運動の協応	図形と素地	形の恒常性	空間における位置	空間関係
---	---	---	---	---	---
	★目と手の協応動作の力	★他刺激に惑わされず、図形が保持できるかの判断力	★形の類似性と弁別の力	★反転や回転を理解する力	★形や模様の分析力
	4:09	4:01	5:08	4:07	4:00
知覚指数	52					 ●視知覚発達の状況は、生活年齢よりも低めでした。 ●実施中の様子から、形の認知は、「これでしょ　これでしょ」と声に出しながら楽しそうに行っていますが、他の視覚情報と重なると難色を示し、課題に時間がかかります。複雑に交差する線の図になると、「わからない」と繰り返していました。
見やすい方向チェック	〈ひっかけ棒使用（製作教具）使用〉 ●体の正面においたひっかけ棒に、右手で持った輪っかをかけようとするとき、右手をあげようとすると姿勢が左に大きく傾き、伴って頭も左傾斜します。右目が体の中心にくるような感じで頭を傾けたまま、ゆっくりと輪っかを通そうとしていました。棒の先に輪っかを持っていくまでには時間がかかりました。
視野チェック	〈視野把握のための機器を使用〉 ●上50度　右上50度　右50度　右下40度 　下40度　左下50度　左40度　左上30度 ●右横方向をチェックしたときに、「こっちでギュッと見ている感じがする」と言って、右目優位で見ている様子が見られました。

前　沖縄県立泡瀬特別支援学校　教諭　　宮平　順子
現　沖縄県立沖縄ろう学校　　　教諭

＜参考文献＞
齊藤由美子ら（2008）平成20年度専門研究成果報告書　国立特別支援教育総合研究所
文部科学省（2009.6）特別支援学校学習指導要領解説　総則等編（幼稚部・小学部・中学部）平成21年6月
文部科学省（2009）特別支援学校学習指導要領解説　総則等編　pp.236
奥村智人・若宮英司（2010）学習につまずく子どもの見る力　明治図書出版
芳賀雅尋（2010）特別支援＜5－2進＞タイルで教える　99までのたし算・ひき算
吉田甫（1991）子どもは数をどのように理解しているのか　新曜社

情報教育・支援機器の活用／一人一人に応じた指導の充実

⑨ 肢体不自由児の実態に合った支援機器の活用と児童の変容
―「できない」を「できた」に変える活動―

＜キーワード＞　①「できた」という喜び、達成感から自発的な動きを引き出す　②沖縄高専との連携　③変化を受けとりやすい取り組みや環境の設定　④実態の把握、支援機器の設定、客観的な評価

1 実践事例の概要・目的・目標

　沖縄県立桜野特別支援学校に在籍する多くの肢体不自由の児童は、まひや知的障害を併せ有し、意思表出が困難で、手の操作を伴う学習や体を動かす活動が難しい状況です。そのため教師は、児童の意思を一方的に解釈して過剰な支援になりがちになっています。この過剰な支援により児童は「できない」とあきらめて学習に対する無気力が生じ、意欲や自発性の低下、興味関心の偏りに陥りやすい傾向があります。また、西潟（2005）は「『支援される』経験ばかり重ねることが、障害の重い子の、自ら主体的に外界へ働きかけようとする機会を奪っているのではないだろうか」と述べています。

　そこで、児童の実態に合った支援機器を取り入れて、児童が楽しみながら活動できる環境を整え、「できた！」と思える成功体験を重ねることで意欲と自発性を高めることを目的とした授業を行いました。「自分ではできない活動」を「できる活動」に変えていくことを目指し、支援機器を活用した授業実践の結果を考察しています。

　支援機器の開発は、平成19年より沖縄工業高等専門学校との共同研究で開発を行っており、児童の教育的ニーズに合った支援技術の開発や新しい教材・教具の開発も行うなど継続して支援・協力を得ています。しかし、一部の職員や児童だけしか活用していないという課題がありました。そこで、研修を通して支援機器を校内に啓発し学校全体での活用を図り、取り組んできた授業も継続し発展させて実践しました。

2 支援機器を活用した授業の実践

1．自力移動支援機器の活用

　活用した支援機器は、重複障害があり自力移動できない児童のために、自分の意思で移動できる機能を有する電動箱車です。また、スイッチ・ラッチ＆タイマー、BDアダプター、大型のラジコンをつなげた支援機器も活用しました。電動箱車は教師と一緒に座ってボタン押すことで移動することができます。また、大型ラジコンも車椅

子につなげて引っ張ることで、まひの弱い児童はリモコンを操作し、重度の児童はリモコンの方向を固定し実態に合ったスイッチを使うことで移動することができます。電動箱車は後ろから支えて姿勢を保持し、児童の肘までサポートすることで、ボタンが押しやすいように位置を調整することに気をつけて活用しました。大型ラジコンは、市販の大型ラジコンのコントローラーにBDアダプターをつなぐことにより、改造しなくてもスイッチで移動することができます。これにより、機械の改造が苦手な職員でも簡単に活用することができました。スイッチは児童の実態に合わせて圧電素子式入力装置をまばたきで入力したり、全方向スイッチを手が動く方向に置いて入力したり、スイッチの種類と位置について検討して活用しました。移動できる支援機器を活用することで、ボタンやスイッチを押そうとする自主的な動きが多くなるという効果がありました。

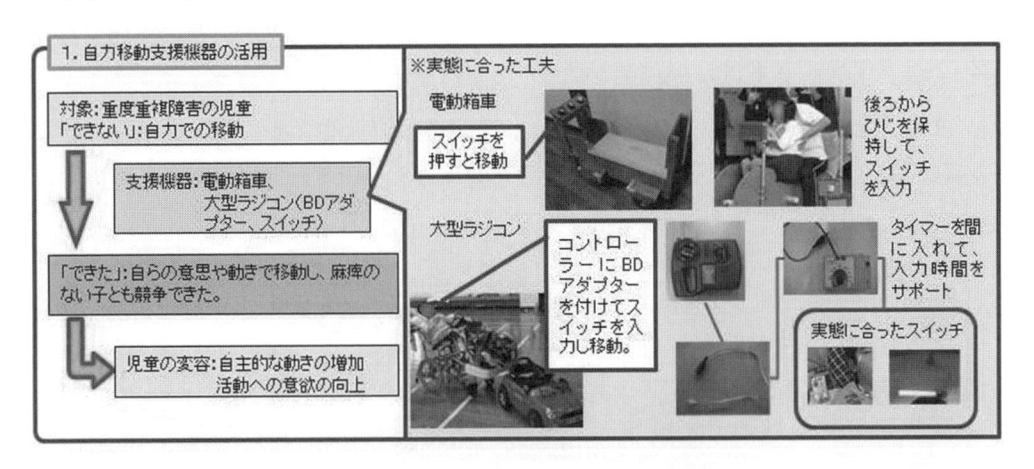

図1　自力移動支援機器の活用の様子

平成24年度はコントローラーを児童の実態に合わせたジョイスティックにして動かすという取り組みも行いました。上下左右の可動域が狭い児童の操作を支援する機能を有するジョイスティックを活用しました。センサーを使い上肢の可動域を測定し、特定の方向へジョイスティックの入力を調整することで、自力操作が可能になっています。対象児に合わせ高さや角度を調整したことで、姿

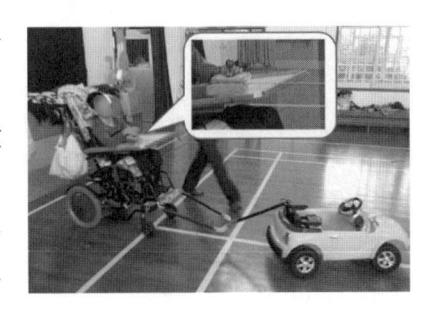

図2　ジョイスティックでの大型ラジコン操作

勢を崩しやすかった児童が顔をまっすぐあげて操作することができるようになり、姿勢保持能力も向上しました。

これらを活用し、運動会では走れる児童や自力で車椅子や歩行器で移動できる児童

生徒と一緒にリレー競争もできました。実態の違う児童生徒たちが一つの目的でまとまり、活動を行うことで勝負に対する意欲も出てきて大変盛り上がったリレーになりました。

2．他感覚を刺激する教材への活用

　側わん等の身体の変形もあり大きな動きが難しく日常生活動作に全面介助が必要で、医療的ケアを有する児童生徒対象に様々な感覚刺激を感じ取る教材への活用を行いました。活用した支援機器は、コンセントアダプター、ラッチ＆タイマーとスイッチです。それらをイルミネーションライトや扇風機、ラジカセなどの電気製品とつなぐことで、視覚や触覚、聴覚などの感覚を刺激する活動を行いました。また、児童が刺激を受容しやすいように様々な刺激を組み合わせ、パーテーションで囲みました。振動や声、音、風などで楽しめるスイッチ学習の支援機器を開発し活用することで、スイッチを押すと好きな反応が表れるという因果関係が身に付きました。児童の実態を把握し、興味がある刺激の組み合わせ、受容しやすい環境、スイッチのフィッテイングを行いました。それにより、普段は覚醒して授業に参加することが難しい児童生徒が「支援機器に手を伸ばす」「教材に視線や顔を向ける」といった自発的な動きの向上が見られました。

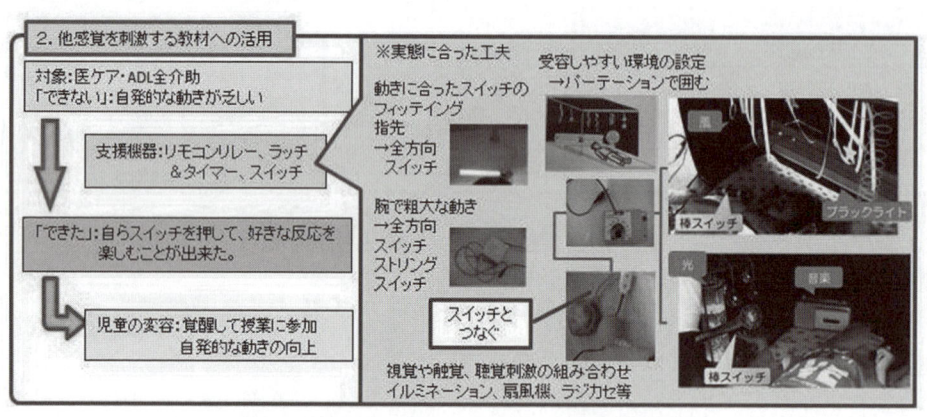

図3　他感覚を刺激する教材への活用の様子

③ 実践を通して

　支援機器を用いて「自分ではできない活動」を「できる活動」に変えていくことを目指した授業実践の結果、今までできなかったことが自分でできる喜びや達成感、一緒に楽しむ他者とのかかわりを導き、意欲と主体的な動きを引き出すことができました。慣れ親しんできた教材・教具だったことが、子どもたちに負担なく指導でき、で

きたことを教師がほめたことが喜びになり、効果につながったと考えられます。
　1人の重度・重複障害のある児童は、実践前は時折まばたきをする様子が見られましたが、授業を繰り返している中でどんどん自発的にまばたきの回数が増え、今では教師の言葉かけを聞いてまばたきをするようになっています。
　実践を通しての児童の変化を校内で共有できたので、支援機器を活用し、「できた」と感じさせる取り組みが、学部を超えてみられるようになりました。今後も継続して取り組み、「できた」を増やしたいと考えています。

前　沖縄県立桜野特別支援学校　教諭
現　沖縄県立美咲特別支援学校　教諭　　太田　健作

＜参考文献＞
　西潟浩子（2005）重度重複障害児が期待をもって外界へ働きかけることができるようになるための取り組み　教育実践研究　第15集　pp.169-174

姿勢や認知特性に応じた指導の工夫／指導の評価と改善

10 「4」の壁
—生きる「算数科」の授業の充実を目指して—

<キーワード> ①視覚認知　②ワーキングメモリー　③将来につながる力

1 実践事例の概要

　対象児童Aは11歳7カ月（5年生）ですが、知的障害を併せ有するため、国語と算数においては下学年の内容を扱っています。また、目の動きや微細運動に苦手さを多く抱えています。（＊心理アセスメントより　WISC-Ⅲ　言語性IQ58　動作性IQ40未満　全検査IQ43、K-ABC　継次処理＞同時処理）

　算数は現在2年生の教科書を使用していますが、数概念の定着がしづらいこともあり、目次順に履修していくことは難しく、内容を吟味し、児童Aの興味と理解力を考えて進めています。また、集中力、ワーキングメモリーを高めていくことも考慮していく必要があると考え、「視覚認知トレーニング」も取り入れています。

　卒業後の生活を視野に入れ、どのような力が必要か、そのためには何ができるようになればよいかを考え、生きた算数力が身に付けられるよう指導していきたいと考えています。

2 授業設計と授業改善のポイント

1．算数科の個別目標

　今年度の目標は、

> ・たし算とひき算が用いられる場面を式に表すなど、文章を読み取り、計算を考えたりすることができる。
> ・図形を構成する要素に着目して、基本的な図形について理解することができる。
> ・日常生活に生かすことができるように、長さ、時刻、金種などについて理解を深める。

　目標にも、実生活に結びつけていくという部分を組み込み、それぞれの題材においても机上の学習の先の展開を考えていくようにしています。

2．取り組んだ題材（たし算を中心に抜粋）

①数と計算～たし算～

ア　教材

　丸印を数える数図ブロックカード、百玉そろばん、電卓、筆算用紙

イ　授業の展開

問1　4＋1＝？

（ア）数字の順唱、逆唱はできるため、「＋1」は「4の次だよ。」と伝えることで、「＋1」の問題はできるようになってきました。

問2　4＋2＝？

（ア）4、2それぞれの下に丸印を書いて数えるようにしてきました。こうすると、

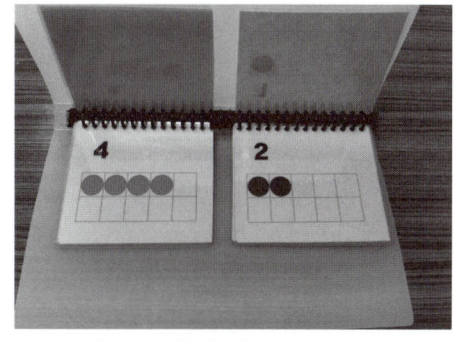

写真1　数図ブロックカード

たす数字が大きい場合も対応できますが、表記が小さくなってしまい数え間違いが出てしまいました。そのため、**写真1**のカード（丸印が大きい）を使用しました。

（イ）5以下の数であれば両手の指を使ってそれぞれの数字を表し、それを数えていきます。

（ウ）次に2の下だけに丸印を書いて、「4を頭で考えて…5、6」と数えていきます。

（エ）4か2のいずれかを指で表し、「4か2を頭で考えて…」と数えていきます。

　微細な動きが苦手なため、指を使って数えるように伝えてもうまく出せないこともあり、ちょうど友達と休み時間に行っていた「アルプス一万尺」の手遊びを＜息抜きタイム＞と称し、学習時間に取り入れることにしました。興味をもって意欲的に取り組み、手指の動きが少しスムーズになってきました。

　「頭で考えて…」ということを2～3カ月続けていき、より短期記憶の増幅を考えて右図のようなフラッシュカードを導入しました（**写真2**）。最初のうちは、1個ずつ順に数えていくため時間がかかり、カードを最後まで読み取ることができませんでした。「カメラで写真を撮るように、カードの絵を覚えてごらん。」などと言葉かけをして繰り返すうち

写真2　フラッシュカード

に、残像を思い出すかのように、数唱しながら答えられるようになってきました。

このような取り組みから、「4＋2＝」は、丸印を書かなくても、頭の中で思い浮かべてできるようになってきました（これが後述の視覚認知トレーニングのきっかけです）。

5年生の2学期に入り、突然、「3＋3＝」の問題に丸印を書いていなかったときがありましたが、「3、4、5、6です。」と答え、「4＋3＝」も正解することができました。これはと思い、「4＋4は？」と質問したのですが、「7です。」という答えが返ってきました。

そこで、視覚認知力へのアプローチを続けつつ、買い物することをイメージすると2桁以上のたし算も必要になってくることから、筆算、繰り上がりのあるたし算の導入に入っていくことにしました。

問3　2桁以上の筆算（繰り上がりを書くスペースのある筆算用紙を使って）

（ア）繰り上がりなし（片方が3以下）

「同じ部屋（縦）同士で計算する」という約束をしました。

（イ）繰り上がりあり（片方が3以下）

繰り上がった数を、「7」の下の細い欄に記入し、10の位を3個たして計算します。小さく書いたものをたし忘れることはありますが、教師が指さしするとたしていくことができました。

（ウ）繰り上がりあり（3桁、片方が3以下）

3以下の数字を取り入れるのは変わりないですが、同様のやり方であれば3桁でもできました。ただし、「148」を「いちよんはち」と読み、「ひゃくよんじゅうはち」と3桁の数字の固まりとして読むことがまだ不十分でした。

そのため、3桁の数字を読むだけの課題も取り入れていきました。繰り返し行うことで、正しく読める数字は増えていますが、「340」を「ひゃくさんじゅうよん…」と読むこともあり、確実なものとなっていません。

②数と計算～かけ算～

　ア　教材

　　九九カード（**写真3**）

　イ　授業の展開

　聴覚優位の部分があるため、友達が九九を唱えていると聞いて覚えている部分がありました。しかし、3の段を例にあげると「3×5＝15　3×6＝18　3×7＝16…」のように、かける数が大きくなるのに、答えが小さくなってしまうなど、乗法の意味が理解できていません。「18に3をたした答えが、3×7の答えになるよ。」と伝えると、答えを出すことはできました。

　＊「6×9＝（ろっく）」の問いのとき、車椅子のブレーキをかけるしぐさをすることがありました。「ロック（ろっく）＝ブレーキをかける」という児童Aなりのだじゃれだったようです。

写真3　九九カード

3　授業改善に向けて－視覚認知トレーニングの導入－

　頭の中に3以上の数をイメージ化できるように、ワーキングメモリーの拡大が必要と考えました。

1．「じゃんけん～あいこ」（パソコンの画面と同じものを出す）

　ほぼ100％の正解率が出せるようになりました。ただし、画面を見ないで、次を予測して違う形を出してしまうことがありました。

2．「じゃんけん～かちましょう」（パソコンの画面に勝つように出す）

　始める前に、口頭で「パーに勝つのは？」「グーに勝つのは？」と確認すると正答できるのですが、実際に始めると集中力が途切れたり、ルールが混乱したりするのか、誤答が多くなってしまいました。そこで、後ろから「パーに勝つのは？」などと言葉かけをすると、スムーズに指を動かして正解率が上がりました。

視覚だけで捉えると、チョキ（2本）より多いのはパー（5本）などと指の数で勝ち負けを考える可能性もあり、聴覚にアプローチすることも有効的でした。

3．「おなじ ちがう」を見分ける

数字、図形、曲線、矢印の4種類のカードをそれぞれ2枚見比べて同じか違うかを判断します。数字と図形は比較的すぐに全問正解するようになりました。

曲線と矢印は何度行っても正解率が上がりませんでした。教師が一つずつ順に目で追っていけるように指さしして支援すると間違えることが少なくなりました。

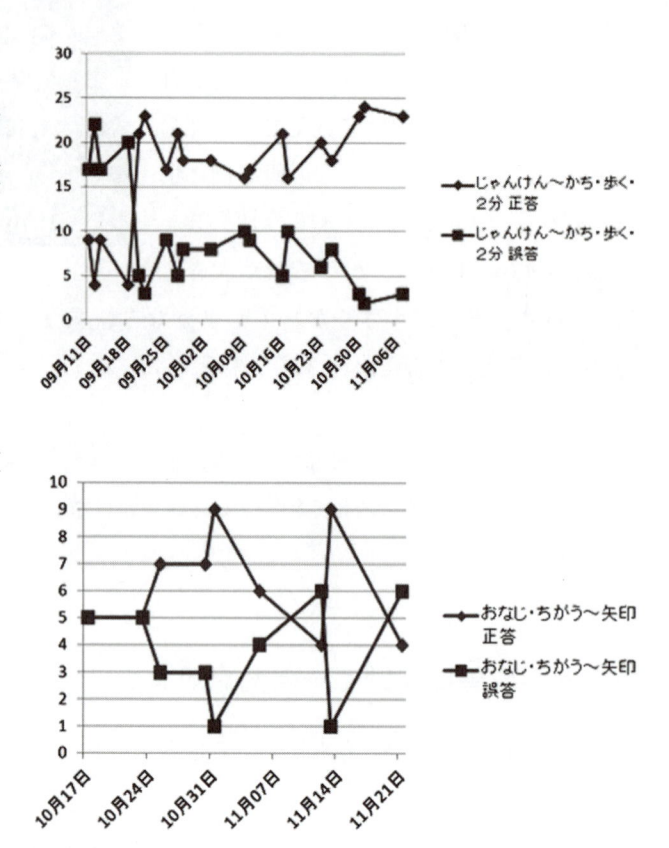

❹ 評価について

各題材の評価については、個別の指導計画の年間指導計画に記載しています。その中で、「指導上の改善点」という欄があり、具体的な教材の作成案や次の題材への工夫点も書いています。

また、記載内容については、学級担任や他の教科で児童Aを指導している教師たちと授業の様子を話し合い、共通理解を得ています。算数での配慮点は他の教科でも生かされていきます。同時に、他の教科の様子も、算数の授業に生かしていくことができています。

⑤ 今後に向けて

　先日、校外学習で大型スーパーに出かけて買い物をする機会がありました。「ミッション」のとおり、買うものを探し、見つけることが難しい場合は店員に「すみません、○○ありますか。」と尋ねることができました。その後、レジに行き、教師が「200円だから、100円玉は何枚必要ですか？」と聞くと「２枚です。」と答え、苦戦しながらも財布から金額を出すことができました。

　ただし、途中で欲しいぬいぐるみを見つけ、手持ちの金額とその値段を比べて買えるか買えないのかの判断がつかないことがありました。今後、社会に出て様々なトラブルに巻き込まれないためにも、買えるか買えないか、提示された金額を出せるか、おつりの金額が正しいか、といったことが必要な力になってくると考えます。

　視覚認知トレーニングを始めて少しずつ細かな気づき（目の動き）ができるようになってきていますが、「４の壁」を乗り越えることはまだ完全ではありません。単に計算力を高めることだけを目標とするのではなく、これまで、２～３の壁を乗り越えていったときに、他の教科においても文章の読解力が少しずつ伸びていくことができるようになったことからも、児童Ａの全体的な成長を考えた目標設定、題材設定、アプローチ方法を工夫していくことが必要だと考えます。

　今後、学年が進行するにつれて、算数の教科書を使用して順序通りに学習していくことは難しいと感じます。小学１～２年生の内容を繰り返し、より確実なものとして幅を広げていくことが大切です。児童Ａの良さである「人なつっこさ」を今後も伸ばしつつ、同時にSST（ソーシャル・スキル・トレーニング）の観点もあわせて社会性を身に付けながら、児童Ａが社会に出て行く姿を思い浮かべて指導していきたいです。

北海道旭川養護学校　教諭　中村　光宏

＜参考文献＞
井上賞子・杉本陽子（2010）特別支援教育　はじめのいっぽ！　算数のじかん　学研教育みらい
藤田和弘・熊谷恵子・青山真二（1998）長所活用型指導で子どもが変わる　図書文化社
熊谷恵子・青山真二・藤田和弘（2000）長所活用型指導で子どもが変わる＜Part2＞　図書文化社
本多和子（2012）発達障害のある子どもの視覚認知トレーニング　学研教育出版
筑波大学附属桐が丘特別支援学校（2008）肢体不自由のある子どもの教科指導Q&A　ジアース教育新社

課題選択や自己の生き方を考える機会の充実

11 肢体不自由特別支援学校の進路支援
－卒業後のライフスタイルから考える－

<キーワード> ①キャリア教育 ②キャリア発達 ③進路支援 ④肢体不自由 ⑤重度・重複障害

1 実践事例の概要

　平成23年1月の中教審答申「今後の学校におけるキャリア教育・職業教育の在り方について」を受け、本校の平成24年度学校経営方針に「キャリア教育を推進する学校」と明記されました。そのことを踏まえ、進路支援部では児童生徒のキャリア発達を促すための「キャリア教育についての本質的な理解のための研修」と「充実した卒業後の生活を視野に入れた本校教育のあり方の見直し」「重度・重複障害のある児童生徒に対する進路支援の方向について」の研修を行い、本校の進路支援のあり方を再検討しました。そこで見えてきたことは、児童生徒の「ライフキャリア」の重要性と、発達段階に応じた一貫性のある指導及び支援の必要性でした。本稿では、進路支援部での研修の内容を実際の支援に結びつけた事例を報告します。

2 進路支援部での研修

1．卒業後の生活についての取材
　在学中からの夢であった「自立生活」を叶えた卒業生の自宅を訪問しました。そこで「重度訪問介護制度」を利用してアパート暮らしをする卒業生に「在校中から卒業後までの流れと現在の生活」について取材し、本校における指導に役立てるとともに、重い障害のある児童生徒の自立とは何かを探りました。

2．他学部の状況を知るための研修
　他学部の教育課程を知り、より見通しと一貫性をもった指導ができるように、進路支援部員が他学部に対する学部説明会を行いました。

3．キャリア教育の意義を確認し、進路支援の方法ついての再検討を行う
　キャリア教育を推進するために必要な重点事項を確認するため、国立特別支援教育総合研究所のキャリア教育に関する研究成果物や、文部科学省のキャリア教育推進に関するガイドブック等を参考に、進路支援部内で研修の機会を設けました。一般的なキャリア教育に関するイメージは就労にかかわるものとの誤解が多いのですが、中教

審答申では「キャリアとは人が生涯の中で様々な役割を果たす過程で、自らの役割の価値や自分と役割との関係を見いだしていく連なりや積み重ね」とした上で、「『キャリア教育』とは、一人一人の社会的・自立に向け、必要な基盤となる能力や態度を育てることを通して、キャリア発達を促す教育」と定義されています。この定義を障害の程度や有無にかかわらず示された重要な指針として捉え、自分らしい生き方を実現していくためには、日々の教育活動に「キャリア発達」の視点を取り入れることが重要であることを確認しました。また、「重度の障害のある児童生徒に対するキャリア教育」については「PATH」[*1]の演習を通じて行うこととしました。以下に、事例を挙げて部内で行った「PATH」と日々の実践について検討したものを紹介します。

* 1　PATH：Planning Alternative Tomorrows with Hope（希望に満ちたもう一つの未来の計画）の略称で、障害のある人の夢や希望に基づくゴール（目標）を設定し、そのゴール達成に向けての計画を立てるための手法のこと。

3 実践例

小学部6年生のA君　　日常生活全般にわたっての介助及び医療的ケアを要します。人とのかかわりでは、わずかな表情の変化を見せたり、発声したりする様子が見られます。また言葉かけに対して、その方向に目を向けて話を聞こうとする様子も見られます。

行動の意味付け　　A君は、右ひじを曲げて手首を10cmほど上にあげることができます。その行為に「YES」という意味付けをして、大人とコミュニケーションをとっています。A君が右腕をあげるたびに、会話の途中でも「そうなんだね！」「でしょう！」「やりたいんだね！」等の相づちのリアクションを、入学以来一貫して行ってきました。また排尿後に、眉間にしわを寄せて不快そうな声を出すことがあるため、そのようなときには、言葉かけをして子どもの行動に教師が意味をつけてトイレに向かうようにしました。このように子どもたちとのやりとりにおいては、事例の児童以外にも同じようにかかわることを心がけています。これは、乳幼児期の子どもが発した声や動きを社会的に意味付ける行為と同様です。その際、保護者の「間主観性」[*2]を学校が学び、一貫した意味付けを日々の教育活動の中で、意図的・継続的に繰り返し行い、本人にとって確実なものにしていくことが重要となります。このことにより、子どもが発した声や動きにより「伝わる」ということの自覚が生まれ、自己を肯定的に捉える感覚が培われ、それが自分の動きを積極的に「出そう」「伝えよう」とする自発性に結びつきます。それが積み重なることで、他者や外界に向かって積極的に向

かおうという姿勢が、学びへの好奇心に広がっていくものと考えます。「社会的自立に向け、基盤となる能力や態度を育てることを通して、キャリア発達を促す」というキャリア教育の定義から見れば、本児童の場合「自立」とは聞かれたことに対しての「返答」や「トイレを知らせる」ことが、その第一歩であると考えられます。したがって子どもの動きに「意味付け・価値付け」する教師（大人）の役割が重要です。

PATHの実施　先の進路支援部内の研修として、A君の個別の教育支援計画を見直すことを目的としてPATHを行いました。このことにより、A君の今後の支援を長期的な視野で捉える意義をもたせたかったからです。PATHの実施にあたっては、小・中・高の進路支援部員が一堂に会し、1人の児童の「幸せのいちばん星」（将来の夢）を中心に、「目標」「現在」「関係者」「必要な力」「近い未来」を考え、意見を出し合いました。普段かかわりの少ない教師と意見交換ができたことは大きな成果でした。このことにより子どもへの見方や、支援の方法についての視野を広げることができました。また、出された意見を視覚化していくことで、教師自身が「現在」と「今後」のつながりが見えやすく、より見通しをもって児童とかかわりをもつことに役立ちました。また、このことは、他学部の子どもに対しても全校的な視野で子どもの理解や支援を考える組織的な取り組みのきっかけとなりました。一般的に重度障害といわれる事例のような児童は、特に様々な人とのかかわりをもつことが少なくなりがちです。このような取り組みを契機に、普段接することがあまりない人との関係を築くことは、社会との接点を増やしていくことになり、経験の増大にもつながります。このことを考えても、この取り組みの意義は大きいと感じました。実際の作業では、教育支援計画の「本人・保護者の願い」→「自分のことを周囲に分かってほしい」ことや、本人に関する様々な情報を参考に話し合い、計画的・建設的に設定し、ゴールを「人を喜ばせる（役立つ）活動に取り組む」としました。その目標に向かって今できることとして「役割をもつ」ことを重点とし、具体的な活動として「ごみ捨て当番」を行うことにしました。その際重要なことは、その都度「ありがとう」と言われる環境を設定し、「自分は大切にされている、頼りにされている」と自覚できるように支援することです。支援は本人が夢をもち、目標に向かって前進し、学ぶ姿勢を育むことが目的であり、PATHはそのために活用することが重要であると感じました。

＊2　間主観性：他人の意識を自己の意識と等しい感覚でもつこと。（角田・福本2012）

❹ 事例の成果と課題

　このように、A君がごみ捨てから戻ってきたときには「ありがとう」とお礼を言うように高学年の教員全員に協力を仰ぎ「係活動」を毎日実践しました。取り組み始めた頃は自分から腕を動かそうとするときと、そうでないときに差がありましたが、繰り返していくことで、ごみ捨てのたびに友達の応援のみでも、毎回必ず腕を動かしてごみを捨てることができるようになりました。また、この取り組みを受けて家庭でも「亀のえさやり」という役割を担うこととなり、学校と家庭の両方で「役割」を設定することにつながりました。このように「児童生徒の夢や希望」をもつに至った背景を支援者側が知りサポートしていくことで、児童の社会に対する関心の広がりを周りの大人が理解し、児童の学びの多様性を生み出していくことにつながると認識できました。それと同時に組織的に児童生徒の積極的主体性を育てていくためには、同じように全校的な視野でもっと多くの事例を挙げ、PATHという手続きをどのように生かせば個別の教育支援計画の整備に役立つかを検証していく必要があると感じました。

❺ 事例の評価

　この研修と実践を通して、学部を超えてA君の理解が深まったことは大きな成果です。また、上に記したように児童生徒の「夢や希望」の背景にはそのための材料「経験」が不可欠です。変化する背景とともに、本人の将来の生活を考え様々な「経験」を教育現場で提示することが、非常に重要であると再認識できました。

北海道真駒内養護学校　教諭　伊東めぐみ

＜参考文献＞
　国立特別支援教育総合研究所（2010）特別支援教育充実のためのキャリア教育ガイドブック
　文部科学省（2006）小学校・中学校・高等学校　キャリア教育の手引き
　文部科学省（2011）今後の学校におけるキャリア教育・職業教育のあり方について（答申）
　木村宣孝（2010）キャリア教育と特別支援学校の教育課程　全国特別支援学校知的障害教育校長会編著　特別支援教育のためのキャリア教育の手引き　ジアース教育新社
　角田豊・福本久美子（2012）幼稚園における特別支援教育と間主観性－自閉傾向をもつ幼児に対する保育者の橋渡し機能　京都教育大学研究紀要No.120
　渡辺三枝子・鹿嶋研之助・若松養亮（2008）学校教育とキャリア教育の創造　学文社
　渡辺三枝子（2008）自立していく子どもたち　東京書籍

進路指導の充実

12 個に応じた進路指導の在り方について
― 本校の現状と課題から ―

<キーワード>　①進路指導　②キャリア教育　③キャリア教育支援プログラム

1 実践事例の概要

　平成21年3月、新しい特別支援学校学習指導要領の告示は、改訂の基本方針の一つとして「自立と社会参加に向けた職業教育の充実」が示され、特別支援学校高等部学習指導要領総則に「キャリア教育」が規定されました。本校はこれまで小学部から高等部まで社会参加と自立に向け、勤労観や職業観が培われる教育課程を実施してきました。しかし、近年在籍する児童生徒数の減少と障害の重度・多様化により、改めて一人一人のニーズに応じた教育内容の見直しが必要と考え、本校のキャリア教育の在り方や関係機関との連携、また、早期における進路学習の実施を進路指導の課題と捉え、取り組んだ内容を紹介します。

2 取り組みの実際

1．本校におけるキャリア教育を明らかにする

　本校では、児童生徒の「人として豊かな実りある生活の実現」を目標にキャリア教育の在り方について検討を進めています。児童生徒一人一人の卒業後の生活を視野に入れ、「自立と社会参加」を目指し、社会的自立や職業的自立そして自己実現を果たしていく力を育てるため、小学部から高等部までの各学習段階に応じて、計画的にキャリア教育を位置付け、各教科・領域等の中で、系統性のある教育を進める取り組みを始めました。

　キャリア教育は「児童生徒一人ひとりのキャリア発達を支援し、それぞれにふさわしいキャリアを形成していくために必要な意欲・態度や能力を育てる教育」です。端的には「児童生徒一人ひとりの勤労観・職業観を育てる教育」と定義されていますが、児童生徒が社会の中で生きていくため、自分に必要な力の伸長を図るキャリア（能力・経験・役割等、社会性）の発達を目指すこともキャリア教育の理念として捉える考え方もあり、重度・重複障害のある児童生徒から一般就労を目指す、すべての児童生徒に応じたキャリア教育が行えるよう、校内で共通理解を図りました。

本校では、「生きる力＝自らの力や支援によってQOLを高め、心豊かに生きていく力」をはぐくむことをキャリア教育の視点と捉え、**図1**に示すように「生きる」ことを核とし「人として豊かな実りある生活の実現」に向け、「働く」ことに加え、「生活する」ことや「楽しむ」こともキャリア教育の目指すものと考えました。

また、**図2**のように、キャリア教育全体計画図（支援プログラムを含む）を作成し、一貫性や系統性のある学校及び学部の目標を、キャリア教育の視点で見直し、学校全体で組織的にキャリア教育に取り組めることを目指しています。

支援プログラムは、児童生徒のニーズや発達段階に応じて、①福祉的就労や一般就労が可能な児童生徒、②福祉サービスが利用可能な児童生徒、③療養と介護が必要な児童生徒の3つのケースについて作成を行い、進路指導と併せた取り組みを行ことにしました。図2を踏まえて**表1**（①のケースのみ掲載）のようなケース別の支援プログラムの作成を進め、活用を考えています。

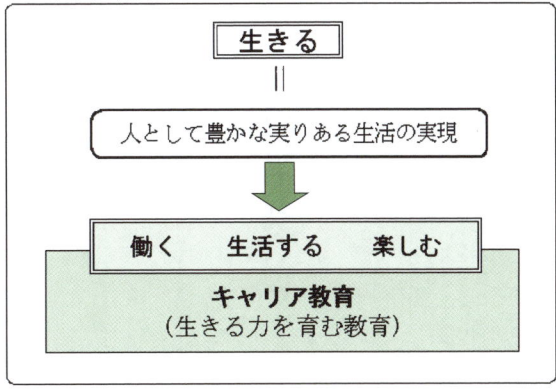

図1　基本的な考え方

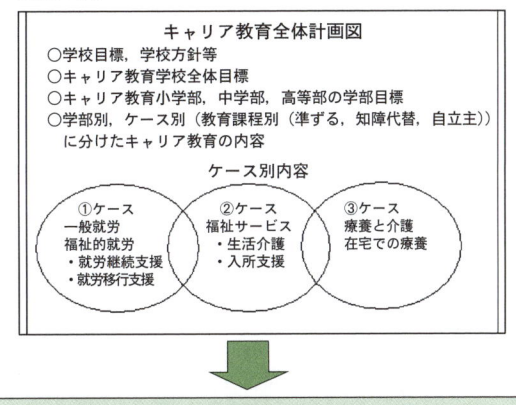

図2　キャリア教育の全体計画図

2．関係機関とのネットワーク構築を考える

児童生徒一人一人の進路は、心身の状態と大きなかかわりをもつため、本校では、福祉・労働・行政・教育・医療や地域等の各関係機関との連携を深めることが大切であると考えています。児童生徒の進路について、多面的な情報提供やアドバイスを受けることにより適切な進路指導が行え、児童生徒及び保護者は主体的な進路選択が可能となってきます。また、卒業後の地域生活や社会生活を支えるためにも、関係機関との連携は進路指導の重要な部分を担っていると考えています。

表1 キャリア教育支援プログラム

本校では、隣接の医療機関をはじめ、福祉、就労に関連する機関との連携を深め、就業体験や進路相談、進路ケース会議、移行支援会議等、進路支援に向.けた相互の情報交換が常に行えるよう体制を整えています。図3は、本校の進路指導に関する協力関係機関との進路指導関連図です。

〈主な関係機関〉
隣接の医療施設
市町村福祉課
児童生徒出身市町村の相談支援事業者
障害者職業センター
障害者相談支援センター
公共職業安定所
障害者就業・生活支援センター
各施設関係事業所
自立支援協議会
児童相談所
特別支援学校進路指導担当者連絡協議会
大学、企業 他

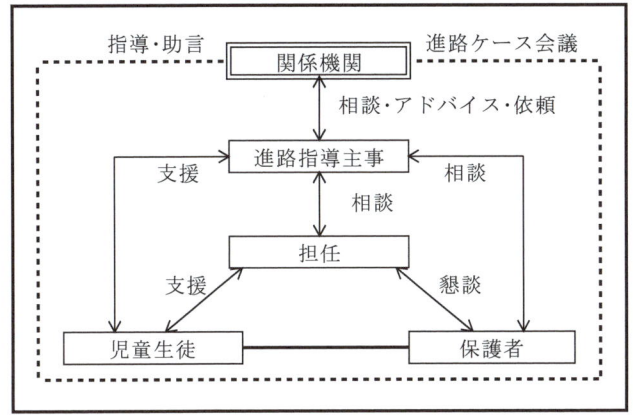

図3　進路指導関連図

3．早期における進路学習の実施（小・中学部からの進路指導）

本校では、進路指導の一環として小・中学部の段階から将来を意識した進路学習を行っています。日頃の学習活動に自分の将来の在り方（くらしや余暇等）を想定した内容や作業学習等、就労意識を高めるものを取り入れたり、将来の進路先として考えられる施設の見学や福祉的就労を体験したりすることにより、自分の将来を少しずつ意識できるようにしています。また、このことは教師にとっても児童生徒に必要な学習内容（個別の指導計画）の立案や生活支援等の参考になり、児童生徒と教師が共に学ぶ機会になると考えられます。小学部では、地域活動支援センターや生活介護事業の施設の見学、中学部では、就労継続支援事業施設の見学と作業体験を行い、「働くことの大切さ」「自分の将来について」「いろいろな環境への気づき」等が意識できることを目標に実施しています。

❸ 実践例

早期における就労意識の向上を考えた体験授業の取り組み
テーマ：「仕事を体験しよう」（小・中学部児童生徒対象）

体験授業では、「働くことの大切さ」「自分の将来について」意識できることを目標とし、障害者就業・生活支援センターから支援員の方を招き、「働くことについての

講話」と「軽作業の体験」を実施しました。

働くことについての講話では、仕事をすることはなぜ必要か、自分の身近にいる人たちはどういう仕事をしているのかについて話をしてもらい、働くことの意義や仕事の大切さ、また、自分がやりたい仕事を考えるための参考になる話もあるなど、自分の将来について学べる時間になりました。また、「軽作業の体験」では、ハンカチの袋詰め作業を行いました。児童生徒にとって初めての体験だったので、作業への戸惑いや教師に支援を求めることもありましたが、時間とともに慣れ、袋詰めができると、次の指示を支援員に求めるなど意欲的で、終始、自分自身のペースで落ち着いて作業ができていました。

図4は、授業を受けた生徒の感想です。①から④までの質問の答えにもあるように、授業から学んだものも多くありました。

また、自分の将来について意識できるようになることもキャリア教育を行うことで期待できる面であると考えられます。

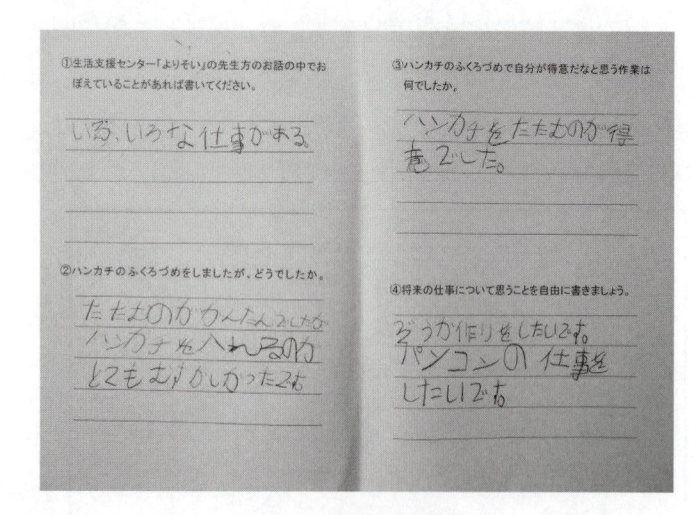

図4　生徒の感想

4 課題

本校の進路指導の在り方を紹介しましたが、学校全体でキャリア教育に取り組み、児童生徒に求められるキャリア発達を明確化することが喫緊の課題であると思われます。今後も小中高の12年間を見据えたキャリア教育を推進し、個別の教育支援計画の中に生かしながら、日頃から関係機関との連携を密にし、本校の教育活動をより一層推進することが大切と考えます。

キャリア教育の視点で進路指導の内容を検証し、組織的・計画的に取り組むことが、児童生徒一人一人が幸せで生きがいのある生活の実現につながるものと感じています。

徳島県立ひのみね支援学校　教諭　新居　泰司

指導の評価と改善

13 障害の重い児童の応答を促すための授業づくり
－授業改善の取り組みを通して－

<キーワード> ①ビデオ撮影　②授業分析シート　③姿勢　④教師とのかかわり

1 実践事例の概要

　本校は、平成21年度から授業改善をテーマに研究を行っています。本稿は、「授業場面ビデオ分析シート」を活用して授業改善に取り組んだ事例です。対象は自立活動を主とした教育課程で学習する児童で、自立活動の個別の時間に、2つの選択肢から1つを選択する場面で応答を促す授業に取り組んだものです。

　具体的には、授業の様子をビデオ撮影し、授業後にビデオ映像を見ながら授業場面ビデオ分析シート（**図1**、以下「授業分析シート」とする）を用いて、検討や見直しを行いました。

　「授業分析シート」は、「指導目標」「授業環境」「授業の流れ」「教材」「メイン・ティーチャーのかかわり」「サブ・ティーチャーのかかわり」「他の児童生徒とのかかわり」等の観点から、授業を検討し、改善するためのシートです。

2 授業改善のポイント

　授業の「ビデオ分析」をすること、「授業分析シート」を使用することの良さとしては、見逃しがちな児童生徒の表情や動き、教師のかかわりを授業者を含め、複数の教師で振り返ることができること、より客観的に授業を見ることができること、授業を見るときや話し合いのときの観点が明確になること等が挙げられます。小学部では、6つの学習グループに分かれて「授業（1回目）－分析－改善した授業（2回目）－分析」の流れでの授業検討を行い、分析の際には「授業分析シート」の観点によるビデオ分析を行いました。

3 実践例

1．対象児童の実態

　対象児童Hは、小学部3年生（平成23年度）の男子で、重度の体幹機能障害、知的

場面:　　　　　　　　　　　　　　　　　　　　　　　　年　月　日

名前:　　　　　　　グループ:　　　　　　　記録者:

I. 授業全体を通して

①指導目標、児童・生徒に期待されること		
②「①」が達成されたか(①で期待される反応やかかわりが見られたか)		
③場面全体を通した児童・生徒の様子		

II. 今回特に心がけたこと、工夫したこと

III. 結果と次回の改善点

A. 授業環境	適切		どのような点で改善の余地があるか		次回の授業での配慮・工夫
①環境の適切さ(物の配置・音環境など)		⇨		⇨	
②児童・生徒の位置、姿勢など		⇨		⇨	
③その他		⇨		⇨	

B. 授業の流れ	適切		どのような点で改善の余地があるか		次回の授業での配慮・工夫
①授業や活動のテーマへの関心		⇨		⇨	
②ルーティーンや課題の流れの分かりやすさ		⇨		⇨	
③教員や教材への注目		⇨		⇨	
④その他		⇨		⇨	

C. 教　材	適切		どのような点で改善の余地があるか		次回の授業での配慮・工夫
①教材の適切さ(大きさ、デザイン、操作性、内容の適切さ)		⇨		⇨	
②教材の提示方法・タイミング		⇨		⇨	
③その他		⇨		⇨	

D. MTのかかわり	適切		どのような点で改善の余地があるか		次回の授業での配慮・工夫
①児童・生徒に対する位置		⇨		⇨	
②かかわりの方法・タイミング(十分な待ち、フィードバックのタイミング)		⇨		⇨	
③ことばかけの内容(語彙、文の平易さ、模倣、拡張模倣、抑揚など)		⇨		⇨	
④期待される行動が自発しなかった場合の言語的・身体的モデリング、プロンプト		⇨		⇨	
⑤その他		⇨		⇨	

E. SubTのかかわり	適切		どのような点で改善の余地があるか		次回の授業での配慮・工夫
①児童・生徒に対する位置		⇨		⇨	
②かかわりの方法・タイミング(十分な待ち、フィードバックのタイミング)		⇨		⇨	
③ことばかけの内容(語彙、文の平易さ、模倣、拡張模倣、抑揚など)		⇨		⇨	
④期待される行動が自発しなかった場合の言語的・身体的モデリング、プロンプト		⇨		⇨	
⑤その他		⇨		⇨	

F. 他の児童・生徒との関係	適切		どのような点で改善の余地があるか		次回の授業での配慮・工夫
他の児童・生徒との関係		⇨		⇨	

G. 指導目標	適切		どのような点で改善の余地があるか		次回の授業での配慮・工夫
指導目標・要求水準の適切さ		⇨		⇨	

H. その他:全体について気づいたこと

図1　授業場面ビデオ分析シート

(東京学芸大学教育実践研究支援センター教授 大伴潔氏が開発されたものを参考に本校で作成)

障害があります。日常的に、不意な音に驚いて手足を突っ張らせたり、その音が発作につながったりすることがあります。睡眠リズムが整わず、夜中に起きることや、日中眠くなることも多くあります。声や音のするほうへ視線を向ける様子が見られますが、どの程度見えているかは明確ではありません。担当OT（作業療法士）からは、眼前10〜20cm程度のところに差し出された物に焦点を合わせてくる動きが見られると聞いています。

好きな玩具の音や絵本の題名、擬音を使った言葉かけで笑顔になるなど、聴覚的な刺激を受け入れやすい様子が見られます。また、言葉かけに対する反応の高まりがあり、好きな遊びをした後に「もう1回する？」と問いかけると、笑顔や開口でこたえることができるようになってきていました。

2．授業改善の概要（「選んで遊ぼう」の実践）

児童の実態から、個別の指導計画の具体的な課題の一つに「したい活動や見たい絵本の名称を聞いて、2つの選択肢から1つを開口で選ぶことができる」という課題を挙げました。これを受け、自立活動ではコミュニケーション面の学習として「選んで遊ぼう」という授業を行いました。授業の簡単な流れは「手の体操→手遊びの選択→玩具の選択→絵本の選択」としました。

①授業分析1回目の概要

1回目の授業では、なじみのある2つの物の名称を聞き、したいほうを開口で選んで伝えることができることを目標に行いました。その授業分析における観点にそった問題点や改善案を以下のように整理しました。

- **指導目標**：なじみのあるもの同士の選択肢では、両方にこたえたり、どちらにもこたえなかったりしていた。「なじみのあるもの」と「なじみのないもの」というはっきりした選択肢でもう少し時間をかけて指導するべきではないか。
- **授業環境**：仰臥位や側臥位、あぐら座位といろいろな姿勢をとっていたが、リラックスして眠くなる様子が見られたり、教師が本児の表情を読み取りにくかったりした。覚醒レベルが保て、表情を見やすい姿勢として、車椅子座位で活動することにする。
- **教材**：授業のはじめに行った手の体操の曲調が眠くなる要因の一つではないか。短く、リズミカルな曲を用いる。
- **メイン・ティーチャーのかかわり**：本児の反応の取り上げ方に迷いがあり、開口以外の反応をあまり取り上げていなかった。また、次に何をするかの言葉かけがないまま姿勢変換され、眠くなっていった場面があったので、次の活動をしっかり言葉で伝え、期待できるようにする。

②授業分析2回目の概要

　2回目の授業前に、本児の"イエス"の反応を見直しました。開口の他に、視線、発声、笑顔もイエスと受け取り、フィードバックしていくことでイエスの表現を広げ、その表出を確実なものにしていけると考えました。2回目の授業分析における問題点や改善案は以下のとおりです。

- **授業環境**：本児の首の不安定さへの配慮が必要である。
- **教材**：玩具の見せ方や触れ方、問いかける選択肢に工夫が必要である。
- **メイン・ティーチャーのかかわり**：活動の区切りが本児に分かりにくいため、一つ一つの活動をゆっくり振り返ってから次の活動にいく。視覚的に弱いと思われる本児の場合、視線だけで"イエス"とは受け取らずに、視線に加え、笑顔や発声があったり、興味深そうな表情をしていたりするときに"イエス"とする。

4 授業改善の成果

①成果（本児の視点で）

　学習時の姿勢を車椅子座位としたことで、覚醒レベルを保って学習に取り組むことができました。それにより、教師の言葉かけを集中して聞くような表情が見られるようになり、2つのうちしたい一方だけにこたえることも増えてきました。また、手の体操の曲や玩具の触れ方を変えることで、笑顔が見られることが多くなり、楽しんで活動することができました。

②成果（教師の視点で）

　車椅子座位となったことで、本児の表情や視線を読み取りやすくなり、わずかな反応に気づき、言葉かけをすることができました。"イエス"の応答やその取り上げ方を見直したことで、本児の表情や視線をしっかり受け止め、かかわり方を変えることができました。また、この学習場面だけでなく、学校生活全体を通したかかわりの中で、本児の意思表示が明確に感じられる場面が多くなったと感じています。分析の際には、研究グループの先生方から多様な意見をもらい、本児の実態の捉え方を振り返り、要求水準を見直したり、授業者がねらいたい学習活動に絞って目標を考えたりできました。ビデオを視聴することで教師自身のかかわり方はもちろん、毎日接している本児の様子も客観視することができました。さらに、これまで授業分析シートを用いた授業改善の取り組みを繰り返し行ってきたことで、授業分析シートの観点を意識しながら授業を見て、分析するようになってきたと感じています。

5 今後へ向けて

　2回の授業検討の後、県の事業を活用して、筑波大学大学院人間総合科学研究科安藤隆男教授に授業を見ていただきました。安藤先生からは、「本児は、選ぶことで教師がかかわりをもってくれることがうれしくて開口しており、教師との関係が心地よいのであろう、二者択一に限定しないかかわりの中で本児のわずかな応答を感じ取れるようにしたらよい」との助言をいただきました。

　これを受けて、今後本児の応答を促すためには、「教師とのかかわり」を中心に考え、姿勢を整えるなど、応答しやすい環境づくりに配慮すること、本児が好きな、楽しめる活動の中で二者択一にこだわらない問いかけをしていくこと、本児へのかかわり方を常に見直すこと、が大切なのではないかと考えます。

富山県立高志支援学校　教諭　宮﨑　春奈

言語環境の整備と言語活動の充実

14 一人一人のコミュニケーション能力を高める指導
－外国語活動を通して－

＜キーワード＞　①外国語活動　②体験的なコミュニケーション活動の場の設定　③成功体験

1 実践事例の概要

　車椅子で生活をし、他者の介助を必要とする児童の将来の姿を考えると、コミュニケーション能力の中でも、特に自分から人にかかわろうとするかが重要であると考えます。そのため、外国語活動の目標である「コミュニケーション能力の素地を養う」のうち、特に「積極的にコミュニケーションを図ろうとする態度の育成」に着眼しました。コミュニケーションの体験活動を行う際、児童数が少なく十分な体験ができないため、様々な機会を捉えて教師や来校者に話し掛けるという環境設定をすることで、成功体験を積み自信をもって人とかかわる姿を目指しました。

2 授業改善のポイント

　小学部で行われる外国語活動は、学習指導要領に示されるように、「体験的なコミュニケーション活動」を重視しています。小学校では、数十人のクラスの中で、相手を替えて繰り返し英語で質問をしたり答えたりするコミュニケーション活動を行います。ところが、特別支援学校では、学級内の人数が少ないことに加え、何年も同じ児童と同じクラスであることから容易に友達に話し掛けることができるなど、十分に体験的な活動を行うことができない傾向にあります。

　そこで、校内にいる大人に話し掛ける時間を設け、担任以外の教師や他校からの来校者などに、英語で自己紹介をしたり質問をしたりする活動を行うことにしました。主活動となる質問は英語で行いましたが、話し掛ける際は日本語を使用しました。

　あまりなじみのない人に話し掛けたり、職員室に自分から入って教師に英語での会話を依頼したりすることは、児童にとって緊張が伴い、負担になりやすい活動です。そこで、最初は1人で行うのではなく児童同士協力し、役割分担をすることで、困ったときは友達が助けてくれるという安心感をもち、お互いを手本としてよりよい話し方を学ぶことができるようにしました。

③ 実践例

年間指導計画

月	単元名	主な英語の表現
4～5月	「自己紹介をしよう」	"My name is ○○. What's your name?" ・決められた表現を言う。
5～6月	「ジェスチャーをつけて話してみよう」	"I'm fine." "I'm sleepy." ・ジェスチャーをつけて伝える。
7～10月	「英語で質問をしたり、答えたりしてみよう」	"Do you like strawberry?" ・質問の答えを聞く。
1～3月	「クイズ大会をしよう」	"What's this?" "That's right!（正解）" "Close.（惜しい）" ・質問の答えに対し、さらに発言をする。

1．自己紹介をしよう

パソコンを使って、自分の名前をローマ字で表記したネームカードを作成し、自己紹介をしました。クラスの中で十分に練習を行ってから、校内の教師に話し掛けに行きました。話し掛ける際、何と言えばよいか自分たちで考えさせたところ、ある児童が「すみません、ちょっとよろしいでしょうか？ 今、外国語の勉強で英語で自己紹介をすることをやっているので、聞いてください。」と話し掛けることができました。他の児童たちもそれを聞き、同じような内容をその場で考えて教師に話し掛けることができました。

2．ジェスチャーをつけて話してみよう

"How are you?" に対して "I'm fine." や "I'm sleepy." など自分のその日の体調や気分を伝えるときに、元気を表す両手でこぶしを握るジェスチャーをつけたり、眠そうに目をこするジェスチャーをつけたりしました。日本語でも伝わりにくいときは、ジェスチャーをつけることで相手に伝わりやすくなることを学習しました。

3．英語で質問をしたり、答えたりしてみよう

"Do you like～?" や "Do you have～?" の質問に "Yes/No" で答えたり、友達に質問をしたりする学習を行いました。それまでの英語の自己紹介では、決められた英語の文章を言うだけでしたが、英語での質問や相手の答えを聞いてじっくり考えて

判断する姿が見られました。例えば、好きな色を問う学習では "What color do you like?" という質問を使い、校内の教師に口頭でアンケートを行いました。自己紹介のときと同様に日本語で話し掛けて依頼し、英語の回答をよく聞き取り、日本語に訳してメモ用紙に書くことができました。

　また、話し掛ける内容については、「すみません、ちょっとよろしいでしょうか？」「今、外国語で好きかどうか質問をする勉強をしているので、"Yes, I do." か "No, I don't." で答えてください。」と、活動内容に合わせて自分たちで考えることができました。

4．クイズ大会をしよう

　研究授業を参観していた講師や他校の教師に、"What's this?" の表現を使ったクイズを出題し、クイズ大会を行いました。クイズの形式はスリーヒントクイズとし、第1ヒントは自分たちが描いた絵を見せる、第2ヒントは色や形、関係するものを英語で言う、第3ヒントはジェスチャーをするとしました。今までの学習では、決まった英語の文章を言ったり、質問に一度だけ答えてもらったりする活動でしたが、今回は相手が言ってくれるクイズの回答をよく聞き、それに対して再度、正解か不正解を答えなくてはならず、より会話形式となります。初めて出会う参観者たちに話し掛け、会話をするという負担を軽減するために「話し掛ける人」「英語で質問をする人」「ヒントの絵を持つ人」という役割を設け、交代で行いました。表現の仕方を忘れてしまったときは、"What's this?" "That's right." を録音しておき、自分で再生して確認したり、友達同士で教え合ったりして会話を進めることができました。

　また、クイズを出題すること、相手が自分の質問を考える様子、正解してもらったことなど他者とのかかわりをとても楽しく感じ、緊張しつつももっとやりたいという意欲をもって積極的に話し掛ける姿が見られました。

❹ 成果と課題

　普段なじみのない人に話し掛けることに対し、最初は緊張していた児童たちでしたが、会話形式になるよう少しずつステップアップしながら、成功体験を積み重ねていくことで自信をもち、話し掛けることができるようになってきました。

　また、体験的なコミュニケーション活動を繰り返すことで、相手の話をよく聞いて返したり、状況に応じた話し方を工夫したりすることが身についてきました。

　本学習では、話し掛ける対象のほとんどが協力的な教師であったため、成功体験を積んでいくことができました。しかし、実際の状況を考えると、相手が忙しい場合や

話が伝わらない場合もあります。今後は、児童が予想していたこととは違う場合も想定し、それにどう対応していくかを体験しながら学ぶ機会も設定していく計画です。また、話の内容や時と場所、相手によって敬語を使うなど、礼儀やマナーという点も押さえていく必要があります。

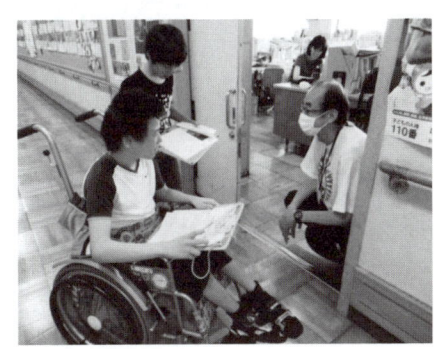

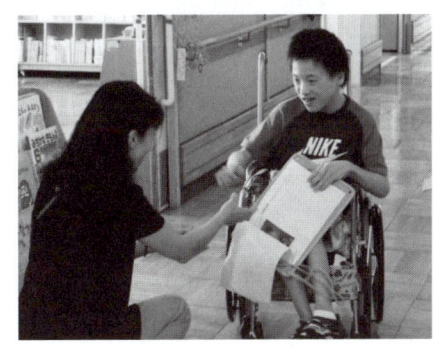

最初は緊張していましたが、1人で話し掛けることができるようになりました。

5 まとめ

　特別支援学校に通う児童たちは、多くの人とのかかわりや言葉のやりとりをする経験が少ないので、積極的に他者に話し掛ける活動を設定していくことが必要であると考えます。話し掛けることへの緊張を全くなくすことは難しいですが、自分から行動を起こすことと、話し掛ける態度や会話のパターンを身に付けていくことが大切であり、それには体験活動を繰り返し、成功体験を積んで自信をもつということが有効でした。そして、外国語活動やALTだけでなく他の教科をはじめ、日常生活、校外学習などでも、積極的にコミュニケーションをとる活動を意図的に行い、一つ一つの自信を積み重ねて、将来へつなげていきたいと思います。

　また、中学部の英語では「コミュニケーションの基礎を養う」になり、初歩的な英語を正しく聞く、読む、発音する、書くなどのねらいが含まれてきます。そのため、各学部がお互いに外国語活動、英語に関する状況や児童生徒の実態を把握し、連携していくことが必要であり、共に児童生徒の将来を見据えた指導を行っていきたいと思います。

静岡県立静岡南部特別支援学校　教諭　篠原　禎治

姿勢や認知の特性に応じた指導の工夫／自立活動の時間における授業との関連

15 重複障害のある生徒に対する見え方の支援
－県立盲学校との連携による授業改善－

＜キーワード＞　①見え方の評価（県立盲学校との連携）　②見え方の評価を生かした指導実践
③実態表、課題関連図作成による教師間の共通確認

1 実践事例の概要

　平成23年度から所属校の校内研修では、「児童生徒の自立を目指したよりよい指導の在り方を探る」を研究主題とし、特に「児童生徒の視機能支援」に焦点を当てました。夏季校内研修会に国立特別支援教育総合研究所員を招き、見ることに配慮が必要な肢体不自由児の指導についての研究を進めました。
　筆者の前任校は知的障害特別支援学校でしたが、見ることに対する困難さを有する子どもは少なくないと感じていました。肢体不自由特別支援学校では、見ることへの配慮をよりきめ細かく行う必要があると感じています。
　今回、肢体不自由児の見ることへの配慮に関し、課題意識をもって理論的な裏付けのもとに研究し、実践に生かしたことは大変意義深かったと実感しています。

2 授業改善のポイント

　中学部の自立活動を主とする教育課程のグループ研究において、はじめに重度・重複障害のある子どもに見られる視機能の特性及び見え方のアセスメントの方法について文献研究を行いました。
　実態把握のために、県立盲学校の訪問相談による視機能検査を活用するとともに、見る力を高めるための手だてを研究会で検討、日々の学習活動で実践、VTRで振り返りながら、見る力を高めるための支援において大切なポイントを集約しました。
　個別の指導計画作成時には、KJ法を用いた実態表、課題関連図の作成と中心課題の設定等をクラス担任で話し合います。この作業を通して、見ることへの配慮に関して共通確認しました。

3 実践例

1．見え方の評価（県立盲学校との連携）

　研究の対象とした生徒Aは、日常生活のすべてにおいてきめ細やかな支援を必要としており、また、筋の過緊張及び身体の変形、拘縮等により、運動・動作や姿勢、四肢の可動域、呼吸等が制限されています。自発的・意図的な動きが少なく、人からのかかわりや外界からの刺激に対して受身的な場面がほとんどです。感覚の過敏性から心理的に不安定になることも多く見られます。また、認知発達の遅れからも有意味な発声や意思・感情の表出が少ない実態があります。そのため、生徒がどこまで視覚を活用して外界の刺激を把握しているのか評価が難しい実態があります。

　県立盲学校の視機能検査では、次のような評価でした。

○両視力0.07（TAC、距離20㎝）。追視範囲右40°、左60°、上45°、下40°くらい。目の幅の範囲内くらいが追ったり気づいたりしやすいようだ。ぼんやりと色の違いを捉えているようだ。目を閉じていることが多い。

○照明をつけたときにまぶしそうに目を閉じる。照明が直接目に入らないほうが良い。

○見えやすい光の色は、赤＜黄＜青＜白で、どれにも気づく。見えやすいのは、眼前20㎝中央からやや右。暗室では光をかなり追える。明るい部屋での光の追視は、滑らかでなく断続的にポイントで見ているように動かしていた。暗室のほうが集中しやすい。明るいところでは目がついてくるのをゆっくりと確認しながら動かすと良い。

○青・黄の棒状ライトを提示して動かすと、見比べるように2点間の視線の移動ができた。また、円運動も滑らかにできた。

○目からの刺激を効果的に効率良く与えるために、眼球を意図的に動かす練習（追視）などをしてから見せたいものを見せると注視時間が長くなったり、追視が滑らかになったりする様子がある。「何がどこにある」の声かけでも注目しやすくなる。

2．指導の内容

　生徒Aの見え方の評価と、見る力を高めるための支援において集約した大切にしたいポイント、実態、課題を押さえながら、次のような配慮と指導の実践を行いました。

①教室の照明環境の整備

　○仰臥位で過ごすことが多いので教室内の照明量を調整し、車椅子で学習したり食事を摂る際には、照明が直接目に入らないように座席位置を工夫した。また、天井照明を間接照明にしたり、窓に遮光フィルムを貼ったりして光量を低減した。

②視覚の活用に特化した学習
- ○（暗室で）週1時間（金曜日の5校時）を設定し、得意な環境（集中しやすい暗い部屋）において眼球運動（光の注視、追視）を意識した練習を積み重ねた。
- ○（明るい部屋で）暗室と同様の滑らかな追視など、持っている目の力を発揮できるような応用練習。滑らかさ、追い続ける、注視の時間を長くするなど。追視は目が付いていけるもの（見やすいもの）を確認しながらゆっくり動かす。見てもらいたいものを提示する際は、視野の外からゆっくりと動かしながら視野の内に入れて気づきやすくする。

③提示方法の工夫
- ○見せたいもの（スイッチ、カード、葉っぱなど）を書見台に置いたり、ボード（黒、白）に貼り付けたり、大きな段ボールに黒ラシャ紙を貼ったものを背景にしたりして、目に入る情報を制限し、コントラストをはっきりさせ、注目しやすいように配慮した。

④見やすい姿勢づくり
- ○過度の筋緊張により意図的に動きを調節することが難しく楽な姿勢がとれないことがある。そこで、1時限で学習していた時間割を調整し登校後の1、2校時帯に姿勢づくりの学習に取り組み、見ることに集中できるような楽な姿勢づくりを行った。

⑤見ることを楽しむ力を促す支援
- ○「腕上げ動作コントロール」の取り組みの中で、顔の横で動く腕を意識して、追視するようになった。腕上げで腕を意識した後に、右下側臥位でスイッチ教材やキーボードにかかわる学習を行った。見える位置にスイッチと回転リンリンベルを提示し、一緒に音を出した後に待っていると、左腕を肩の高さから下ろしてきてスイッチに触れ、手に力を入れてスイッチを押した。ベルが動き出すとうれしそうに笑って、音を聴いたり、ベルを見たりした。
- ○ポスターカラーに、トロミ調整食品を混ぜた粘性のある絵の具を使い、直接手で画用紙に描いた。車椅子座位で画用紙を顔の前に提示しても絵の具が垂れたり落ちたりしないので、自分の腕の動きと模様が付く様子を目で確認できた。
- ○スレートＰＣを使った、注視、追試教材（母親の顔写真が登場、呼名、写真が上下左右に移動する）での学習。画面を見ている様子は見られたが、注視、追視を促せたかどうか分からない。大きさ、色、コントラスト、速さなどを工夫する必要がある。
- ○感覚運動の学習で、赤い布でシーツブランコをしたり、身体を包んで遊具に乗せたりする活動を取り入れた。赤い布が活動を表すシンボルとして理解し何をするのかが分かり、見通しをもって活動ができることをねらって、同じ赤い布の小さなものを見せたり触れさせたりした。
- ○集団の自立活動で、赤色の軍配をシンボルとして「引っ張り相撲」に取り組んだ。活動の前に軍配を見せ動かすと笑顔の表情が見られた。スムーズにあぐら座位になり、前後左右に倒れても活動を楽しんでいる様子が見られた。確実に赤の軍配がシンボル化され活動の内容と結びついたかどうか評価が難しいところだが、視覚を使い何らかの情報を受け取り、

見通しをもって活動に参加できていたように思われた。

⑥**生活の中で見て分かる、コミュニケーションの基礎につながる支援**
○自分の教室が分かり、どこにいる、どこに行くのかが分かり、安心感につなげるために、教室入り口に、蛍光の「緑の布」を、暖簾にしてつるし、教室のシンボルカラーとした。教室間の移動の際には、小さな同じ布を見せたり、触れさせたりして知らせた。
○不快感は泣いて表現する。尿意を感じているときは泣く。定時排泄により尿瓶で成功することが多い。そこで、身近にあり毎日の生活の中でよく使うもので、見ることで意思が伝わることを実感できればと考え、蛍光オレンジで着色した尿瓶モデルをつくった。モデルを見せる、はじいて音を鳴らすことで定時排泄の時間を知らせた。モデルをよく目で追い、落ち着いて排尿が成功することが増えた。今後、カード等の半具体物を使って、色と形でシンボル化できるようにしていきたい。

4 まとめ

　学校生活の多くの時間を過ごす教室環境の整備は、視覚を活用する上で非常に効果的でした。また、盲学校の訪問相談の評価と指導のアドバイスをもとに、視覚の活用に特化した学習の時間を設定したことは、明るい教室内での目の動きを滑らかにするのに効果的でした。翌年の評価では、追視の目の動きが滑らかになっているとの評価を得て、次のステップに向けて指導をすることになりました。

　見ることへの配慮については、教師側の意識が大きくかかわります。視線を向けるから見ている見えている、逆に、視線を向けないので見ない見えないというような思い込みは避けなければなりません。相手が同じように見ている、同じように捉えている（色、形、輪郭、視野、気づくまでの時間等）とは限らず、また、完全に視覚がないほうがまれだからです。見え方の支援を考える上では、できる限り客観的なアセスメントと複数の教師の目による実態把握と共通理解が鍵になると考えます。

山梨県立甲府支援学校　教諭　寺西　修

<参考文献>
齊藤由美子（2009.3）平成20年度　専門研究　研究成果報告書　重複障害児のアセスメント研究－視覚を通した環境の把握とコミュニケーションに関する初期的な力を評価するツールの改良－　国立特別支援教育総合研究所

進路指導の充実

16 社会参加に向けた意識をはぐくむ指導
― 学校設定教科「職業生活と進路」―

<キーワード> ①自己理解 ②他者や社会参加に対する意識づけ ③地域社会との連携

1 実践事例の概要

　本校では、学校設定教科「職業生活と進路」を高等部におけるキャリア教育の中核となる指導の一つと位置づけています。職業的自立に限定せず、「具体的な場面や共同作業を通して、知識を応用する力を高めるとともに、卒業後の進路選択や生活に必要な基礎的な知識・技能・態度及びコミュニケーション能力を養う」ことをねらった授業です。本稿では、立教大学ボランティアセンターとの取り組みから、自己理解、他者や社会参加への意識に変容のあった高等部3年生の事例について紹介します。

2 授業改善のポイント

①肢体不自由児の「自己理解」と「他者や社会へ意識を向けること」の難しさに着目し、段階性をもった指導目標及び内容を設定
②作業をすることが目的ではなく、作業を通して考えさせるための授業計画・単元構成
③他者や社会とのつながりを意識できるような活動を設ける：特に高等部3年という社会に出ていくことを目前とした段階での、地域社会との連携

3 実践例

1．本校の「職業生活と進路」

　本教科では、「他者」という言葉を、仲間（内部の他者）とお客様（外部の他者）で分けて捉え、それぞれの学年の指導目標（**表1**）と照らし合わせながら、個々の生徒や集団としての実態を踏まえて計画を立てています。年間計画（**表2**）を立てるにあたって、他者や社会とのつながりを意識させるために授業者が柱とした活動は、①地域社会（企業・団体）から業務の一部を引き受ける、②チームワークのもとそれぞれの生徒が役割を遂行する、③仲間や発注元から評価を受ける、の3つです。

表1　本校における「職業生活と進路」の指導目標

学年	時　数	指　導　目　標
1年	週2時間	・自分の基準と相手の評価との違いを考える
2年	週3時間（うち2時間は3年生と合同）	・他者（校内）のニーズを満たすことを意識する ・先輩や仲間（内部の他者）と校内のお客様（外部の他者）の双方を意識する
3年	週4時間（うち2時間は2年生と合同）	・後輩や仲間（内部の他者）とともに、校外のお客様（外部の他者）のニーズを満たすために行動する ・3年間の取り組みを通して、社会参加について事例等から考える

表2　年間計画及び単元構成

学期	月	大　単　元	小　単　元
1	4	社会に参画するとは？	①②「暮らす・働く」 ③様々な職業人
1	5	相手の求めに応じて業務に取り組む	④⑤様々な職業人
1	6	相手の求めに応じて業務に取り組む	⑥⑦様々な職業人 ⑧これまでを振り返り、社会で暮らすとは？ ①業務概要（肢体不自由者支援ガイド作成）の紹介
1	7	相手の求めに応じて業務に取り組む	②自己の肢体不自由を分析する ③④自分や仲間の肢体不自由を分析する
2	9	相手の求めに応じて業務に取り組む	⑤⑥自分や仲間の肢体不自由を分析する ⑦書類作成までの段取り
2	10	相手の求めに応じて業務に取り組む	⑧書類の作成・保存について ⑨⑩情報収集したものをどう整理するか？
2	11	相手の求めを踏まえてよりよいものを提供する	①②生徒・教員向けのアンケート作成 ③生徒・教員向けのアンケート集計
2	12	相手の求めを踏まえてよりよいものを提供する	④生徒・教員向けのアンケート集計 ⑤アンケート集計からキーワードを挙げる
3	1	相手の求めを踏まえてよりよいものを提供する	⑥アンケート集計からキーワードを挙げる ⑦キーワードを踏まえ、説明を考える ⑧パンフレットの構成を考える
3	2	相手の求めを踏まえてよりよいものを提供する	⑨⑩パンフレットの構成を考える ※2/20（水）立教大学にて、バリアフリー調査に参加、パンフレットを手渡す ⑪⑫パンフレットの修正点を考える
3	3	もう一度自分の社会参加の在り方について考える	①「暮らす・働く」を考える

　教科名から作業をする時間と考えられがちですが、肢体不自由児の中には手指のまひが強く、作業をしてもうまくできず周囲から遅れがちになり、結果として苦手意識が増幅するおそれがあります。この授業では、作業は自分の夢や希望と現実（社会の要望、自己の適性等）とをすり合わせるための「材料」であり、むしろうまくいかなかったときにどう考えるかに重きを置きます。

　また、本教科と同じくキャリア教育の中核を担う総合的な学習の時間と関連させ、よりよい進路指導が展開できるよう、授業者は担任や総合担当者との情報交換を行いながら指導を進められるようにしています。

2．Aさん（高3女子、脳性まひ）について

　Aさんは小学部から本校に通学している生徒です。電動車椅子を使用していて、衣服の着脱、トイレには介助を要します。食事についても、食器の配置や片づけに介助が必要です。内気な性格で他人とかかわるのが苦手なためか介助依頼を遠慮し、自分で頑張ろうとします。その結果うまくいかないことも多くあります。

　肢体不自由校に在籍する生徒は、周囲が本人の意図をくんで介助してくれることが多く、他者に対して自分から働きかけることが少なくなりがちです。また、集団の中で、他者との違いから自己に対して理解を深めていくであろうものが、自分のことをよく知る人たちと長くつき合うことによって、自分が何者であるかがぼんやりしたままになってしまいます。Aさんについても、自分がやっているのか介助者がやっているのかの線引きがあいまいで、このような環境と本人の障害特性とが関連し合って難しさが生じているのではないかと考えられました。

　昨年度、3年生は立教大学ボランティアセンターから「『肢体不自由者支援』ガイドの作成」（以下、「支援ガイド」とする）という課題をいただきました。「これまで障害者に接したことがない人に、肢体不自由者のことを分かりやすく伝えてほしい」というのが先方の要望です。支援ガイド作成にあたって、Aさんはリーダー役を買って出ました。だれよりも見通しをもち、全体の動きを見渡さなければならない役割です。Aさんが見通しをもち手順を意識できるよう、個の特性に応じた声かけや援助を授業者側は心がけました。

3．仲間とのやりとりから、「自己」について考える

　まずは自分が何に困っていて、どのような場面で介助が必要なのか、学校生活や家での生活を振り返ってみることにしました。前述の通り、Aさんはいろいろな場面で介助が必要な生徒ですが、「介助が必要なのはトイレ・風呂・家の中の移動。困っていることはありません！」との返事が返ってきました。しかし、クラスメイトの投げかけに、徐々に真剣に考え始めました。このようなやりとりを繰り返しながら自分について見つめ直し、できることや手伝ってもらえばできることを整理していくことができました。

4．失敗から学ぶ・見えない他者を意識する

　ガイドをまとめる段階でトラブルが発生しました。これまで自分たちが話し合ってきた内容の中に、記録として残っていないものがあることが判明したのです。「このままでいいよ。」という一言で、何事もなかったかのように作業が再開されようとしたそのときです。いつもはうなだれ、周囲の流れに任せようとするAさんが体を起こしました。「先生たちが記録を取っているかもしれないから、聞いてみよう。」Aさん

の発言により、クラスメイトそれぞれが自分の問題として意識することができました。そして、トラブルが発生してもそれで終わりではなく、改善できることを学びました。

　支援ガイド作成が、自分のためのものであったなら、Aさんはいつもの流れに任せていたでしょう。お客様という、見えないけれども確かに存在する他者が、リーダーとしての役割をAさんに意識させた瞬間であったように思います。この他にも、生徒たちは課題をやり遂げることに集中してしまい、相手先に対する気遣いや配慮が薄くなることがありました。そのときは、授業者が相手先の要望を再提示することによって立ち戻ることができました。

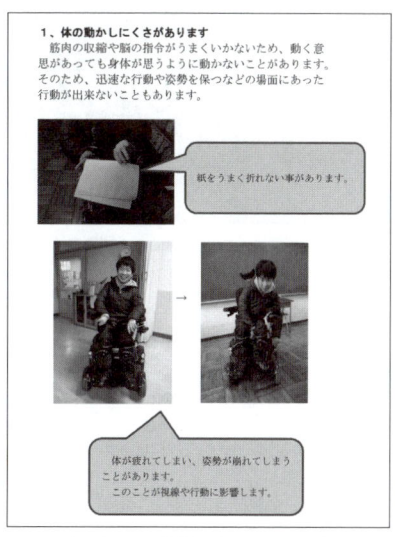

完成した支援ガイドの一部

5．1年間の取り組みを通して

　Aさんはボランティアセンターに直接足を運び、ガイドを納品した際の感想を「実際行って、喜んでもらえて達成できたと思ったので、相手がいてこそだと思いました」と振り返っています。また**表3**に示すように、Aさんの発言やレポートから、他者や社会参加に対する意識の広がり、能動的に他者とかかわって生きていこうとする姿勢が1年間の成果として見られました。

表3　1年間を通したAさんの変化

授業者の問い	3年生1学期	3年生3学期
「暮らす」とは？	自分の生活と社会がつながっていること。（何をして暮らしたい？）アニメ・マンガに囲まれて過ごしたい。	生活すること（自分で考えながら）。
「働く」とは？	仕事をして金をもらう。	人の役に立ちながら自分の生活を豊かにすること。

　作業をすればスキルは習得できますが、他者への意識づけにはそれだけでは不十分です。Aさんのような身辺自立の難しい肢体不自由児は、介助の必要性からできないことを見がちです。進路指導に関しては卒業後の場を考えるだけでなく、自ら他者や社会とのつながりを求めて「こういう参加の仕方ならできる」といった自分なりの将来設計、自己実現に向けた思索ができるよう、高等部卒業までに自己や他者とのかかわりを段階的に考えさせていく必要があります。小中高12年間を通した指導は今後の検討課題ですが、総仕上げである高等部3年で、彼らが卒業後に羽ばたいていくだろう実社会で協力をいただけたことは大変有意義であったと思います。

筑波大学附属桐が丘特別支援学校　教諭　佐々木佳菜子

言語環境の整備と言語活動の充実

17 表現力を高める授業づくりの工夫
－高等部理科指導を通して－

＜キーワード＞　①表現力　②障がいへの配慮　③題材の選択

1 実践事例の概要・目的・目標

　本稿は高等部の教科指導における理科「科学と人間生活」についての実践事例です。本学習グループの生徒は、上肢や下肢に障がいがあり、特に物の持ち運びと手指を使った操作に支援が必要です。また、中学校までの学習については、欠席が多かったり、訪問教育対象であったりしたために学習空白があり、基礎・基本の定着に不安を感じています。実験や観察については、自ら操作を行った経験は少ないですが、興味・関心が高く、生徒全員が実験や観察をしたいと意欲的です。高等学校学習指導要領では基礎・基本の科学的な考え方の習得のため、実験や観察活動の充実、表現力の育成が必要であるといわれています。そこで目的をもった観察・実験を数多く設定し、結果を整理し考察する中で科学的な概念を理解し、それを使用して考えたり説明したりする学習活動を通して、表現力の育成を図ることを目的としました。

2 授業改善のポイント

　本学習グループの生徒は、障がいにより車椅子または、クラッチを使用しています。実験や観察の経験が不足しているため、結果の考察については感想または結果のみになることが多く、自分の考えを科学的な概念を用いて表現する力には課題があります。そのため、「表現したいという意欲を喚起するための題材を選ぶ」「障がいがあることからの視点による表現があることを教える」「表現したいことのヒントを与える」以上の３点をポイントに授業改善を行いました。題材については、人間生活にかかわりが深い食べ物等と関連付け、微生物が私たちの身近な環境に存在することを実験や観察を通して学習する単元としました。表現については、個々の障がい特性に応じた配慮を意識して授業を行い、実験や観察の結果の考察について「〇〇〇は〇〇〇だ。なぜならば〇〇〇だから」という定型文を活用した発表に取り組みました。考察の仕方を提示したことで徐々に経験を積み、考察の書き方、表現が身に付き、成長が見られるようになりました。

3 実践例

```
高等部　1年　科学と人間生活学習指導案
　　日　　時：平成24年9月28日（金）9：50～10：40
　　場　　所：高等部1年1組教室
　　対象生徒：高等部1年4名
　　指　導　者：及川　洋
```

1．単元名

「科学と人間生活」第2編生命の科学　第2章微生物とその利用　（生物分野）

（教科書：科学と人間生活　くらしの中のサイエンス　数研出版）

2．単元について

①生徒について

　対象生徒4名は、教科書を読む、板書をノートに視写する等の机上学習においては特に制限はありません。しかし、起立姿勢の保持や、重量物の持ち運びは難しく、4名のうち1名の生徒については、熱さ、冷たさ、痛さを手足で感じることが難しく配慮が必要です。また、他1名の生徒については左上下肢にまひがあり両手を使う操作をする場合、実験器具の工夫や、教師と一緒に操作をするなど支援が必要です。

②単元について

　前単元まで化学分野を学習していましたが、本単元からは生物分野の学習となることから事前にアンケートを行いました。生物は、生徒にとって比較的興味がある分野ですが、得意な分野ではないことがうかがわれました。学習指導要領には生徒の実態等を考慮して「生物と光」「微生物とその利用」のうちからいずれかを選択して扱うとあり、後者を選択することとしました。微生物は肉眼で見ることが難しく、普段の生活の中では認識することは少ないが、人間生活では古くから微生物とのかかわりは深く、人間との関係を学び、微生物について学習を深める機会としたいと考えたからです。対象生徒は実物の微生物を観察したことはありませんが、実際に観察や実験をしたいと意欲的です。そこで、身近な生活や食べ物等と関連付け、微生物が私たちの身近な環境に存在することを実験や観察を通して学習することに主眼を置きました。

3．単元の目標

（1）身の回りの微生物の存在、役割について興味・関心をもつことができる。

　　　　　　　　　　　　　　　　　　　　　　　　　　　　（関心・意欲・態度）

（2）実験・観察について考察し、科学的に表現できる。　　（思考・判断・表現）

（3）手順に沿って観察や実験を行うことができる。　　　　（観察・実験の技能）

（4）ヒト及び生態系と微生物の関係について、基本的な概念や知識を身に付ける。

（知識・理解）

4．指導計画（総時数12時間）

指導計画		主な学習活動		時数
第1次	第1節 さまざまな微生物	第1時	・微生物に満ちた世界 ・実験1　微生物の存在を調べてみよう	4時間
		第2時	・微生物の発見と研究の歴史	
		第3時	・さまざまな微生物 ・実験2　光学顕微鏡の基本操作と微生物の観察	
		第4時	・微生物の分類	
第2次	第2節 微生物と人間生活	第1時	・発酵と発酵食品 ・実験3　ヨーグルトをつくろう	3/4 時間
		第2時	・食品の腐敗と保存 ・実験4　漬物中の微生物の観察	
		第3時	・実験5　アルコール発酵　【本時】	
		第4時	・微生物と病気の予防・治療	
第3次	第3節 生態系での微生物のはたらき	第1時	・生態系における微生物の役割 ・実験6　落ち葉が分解されている様子	4時間
		第2時	・実験7　土壌中の微生物のはたらき	
		第3時	・微生物と循環	
		第4時	・自然の調和と微生物	

5．本時の学習

①目標

ア　微生物によってアルコール発酵が行われる条件に気づく。　　（知識・理解）

イ　実験の予想をもとに、結果の考察を科学的に表現できる。（思考・判断・表現）

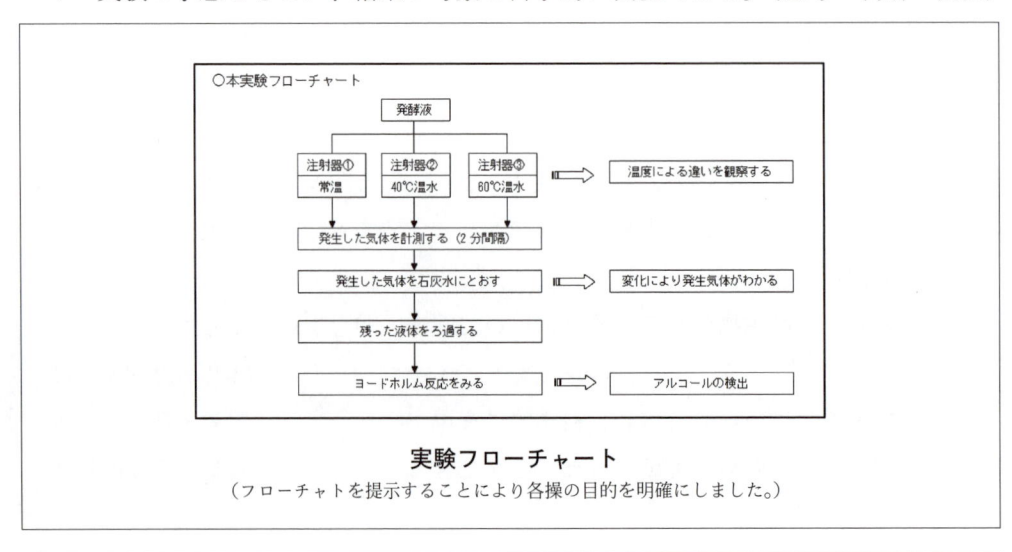

○本実験フローチャート

発酵液
↓
注射器①常温 ／ 注射器②40℃温水 ／ 注射器③60℃温水　⇒　温度による違いを観察する
↓
発生した気体を計測する（2分間隔）
↓
発生した気体を石灰水にとおす　⇒　変化により発生気体がわかる
↓
残った液体をろ過する
↓
ヨードホルム反応をみる　⇒　アルコールの検出

実験フローチャート
（フローチャートを提示することにより各操作の目的を明確にしました。）

6．展開

時間	学習活動	教師の指導・支援 A	B	C	D	実験器具 留意事項
導入 5分	1 挨拶 2 本時の内容 3 実験の予想	●前時に立てた実験の予想を黒板に掲示し、確認を促す。				○教材教具 ・ワークシート
展開 35分		目標：アルコール発酵にはどのような条件が必要なのか気づく。				○実験器具 ・グルコース、 ・ドライイースト ・水酸化ナトリウム ・ヨウ素液 ・石灰水 ・ガラス注射器 ・ビーカー ・ゴム栓 ・ゴム管 ・試験管 ・温度計 ・ガラス棒 ・漏斗 ・ろ紙 ・ミニホワイトボード ・マジック
		教師は事前に発酵液の調整や、実験装置の準備、設置をしておく。				
		●役割、実験操作手順、観察の観点等の確認を促す。				
	4 実験観察を始め、気体の発生を記録する。	△立位が続かないよう着席を促す。	△温度計を使い、温水、冷水の区別を確認する。	△生徒用の椅子に座り替える。	・教師と一緒に自分の役割と操作内容を確認する	
		ガラス器具の落下、破損に気をつけるように注意を促す				
	5 発生した気体を石灰水に通し確かめる。	△気体を押し出す時、力を加えられるように注射器を支える。	△物を押さえる操作の時は一緒に支える。	△体調により一人で操作できない時は支援する	●何の変化を観察しているか確認を促す	
	7 発酵液に含まれるアルコールの存在を確かめる。	ヨードホルム反応を演示し、生徒と一緒に変化を観察する。				
		匂いを直接嗅がないように注意を促す。				
		●予想と結果を照らし合わせて考察するように助言をする。				
	8 考察する。	●考察をミニホワイトボードに記入するように指示する。			●教師と一緒に考察する。	
		●考察と感想を定型文に沿って発表するように指示をする。				
	9 発表する。					
まとめ 10分	10 本時のまとめをする。	教科書を使い、身の回りにあるアルコール食品と関連付け、まとめを行う。				
	11 次回の予告 12 挨拶	本時の内容について不明点、疑問点を問う。				

（●表現力、△障がいへの配慮）

4 まとめ

　対象生徒は、実験結果の整理は比較的容易なものの、考察の取り組みに課題があります。課題の解消としてワークシートを活用し、考えをまとめる学習として補いまし

た。ワークシートをまとめ、定型文で示されたものにならい発表することで、徐々に経験を積み、考察の書き方、表現が身に付いてきました。肢体不自由がある生徒の理科実験については、主体的に実験や観察を行うために環境の調整や題材の設定が重要だと考えています。今後についても障がい特性に応じた配慮を意識して授業を行っていきたいと考えます。

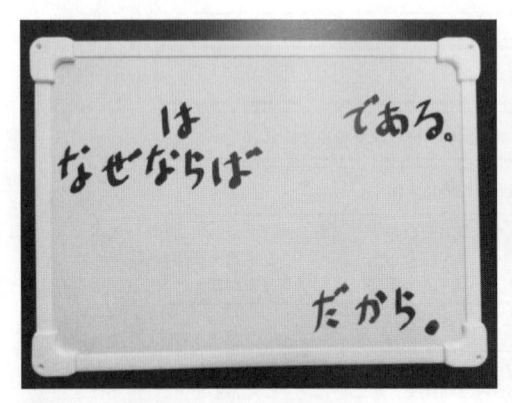

資料1　定型文ホイワトボード
（考察の発表用に活用しました。）

資料2　実験装置
（注射器に発酵液を入れ、発生した気体を計測した）

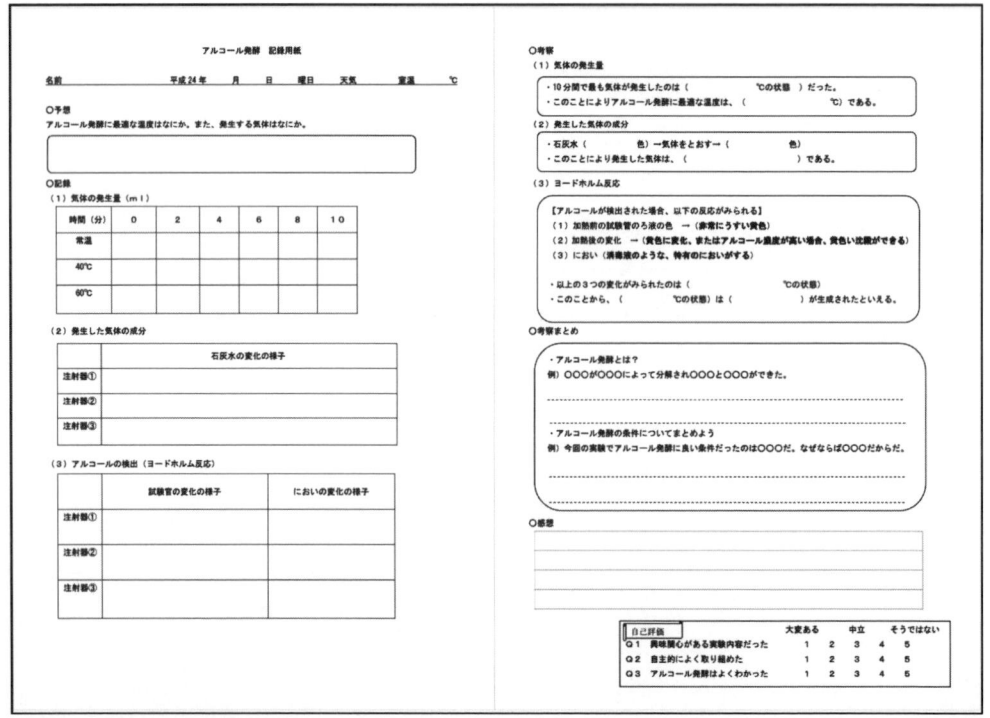

資料3　実験の結果記録用紙及びワークシート
（結果から何を考察するのか明確にしました。）

岩手県立盛岡となん支援学校　教諭　及川　洋

課題選択や自己の生き方を考える機会の充実

18 生活単元学習
－販売会に向けて製品を作ろう－

<キーワード> ①主体性 ②キャリア教育 ③教材・教具の工夫 ④各教科等との関連

1 実践事例の概要・目的・目標

　本稿は中学部の領域・教科を合わせた指導を主とする教育課程における生活単元学習についての実践事例です。キャリア教育の視点から、生徒が充実した学校生活を送るとともに、将来、社会生活を送るために必要な基礎的知識や技能を育成することを目的に、作業的な内容の学習を取り入れています。

　本学習グループ「紙すき班」の生徒は、身体の動きに制限はありますが、大変意欲的に学習活動に取り組んでいます。生徒が自分の役割にできるだけ自分の力で取り組み、より成就感や有用感を得ることができるような授業づくりを目指しています。

2 授業改善のポイント

　本実践では、「自分一人の力で作業的な学習に取り組みたい」という生徒の主体性を、より伸張することができるように、個々に合わせた教材・教具の工夫をしました。また、生活単元学習の活動において、生活に必要な事柄を総合的に学習することを念頭に、「自分の目標を発表する」「報告をする」等の言語活動、「数を数える」「時計をよむ」等の教科とねらいに対応した学習環境づくりをしました。さらに、キャリア教育の視点からは、生徒一人一人が、それぞれの発達段階においてふさわしい態度や知識・技能を身に付けることができるように「働くこと」について意識をもち、授業の始めに生徒自身が目標設定をし、授業の終わりには成果と反省ができるようにしました。これらの結果、生徒一人一人が自分の役割をやり遂げることで、有用感をもち、より意欲的、積極的に学習に取り組むことができるようになりました。

3 実践例

```
中学部　生活単元学習　学習指導案
    日　　時：平成24年9月28日（金）9：30～10：50
    場　　所：中学部3年2組教室
    対象生徒：1年2名、2年1名、3年3名
    指 導 者：米内和宏（MT）　齊藤茂　深堀郁　吉田萌（ST）
```

1．単元名
「第2回販売会に向けて　～製品を作ろう～」

2．単元について

①生徒について

　本学習グループの生徒は、全員車椅子を使用しています。生徒Aは立って作業することができるので、時々休みを入れながら作業を行うようにしています。生徒Bは自分の作業内容を理解し、集中して取り組むことができます。生徒Cはこだわりがありますが、好きなキャラクターカードを励みに、教師と一緒に作業に取り組むことができます。生徒Dは手話や身ぶりでのコミュニケーションが必要です。生徒Eは繰り返すことで作業内容を理解することができ、7までの具体物を数えることができます。生徒Fは6名の中で最も障がいが重く、上肢の可動域が狭く力が弱いため、教師が手を添えるなどの支援が必要です。意欲的に学習に取り組み、仲間の作業に対しても興味・関心をもつ積極的な生徒です。

②単元について

　中学部の「生活単元学習」の中で作業的な内容の学習を、年間を通じて行っています。生徒の意欲を大切にして自己肯定感をもつこと、働くことに関心をもち、働く意欲につなげることを大切にした学習に取り組んでいます。

　作業工程を分担し、製品に仕上げていくことで、自分の役割を果たすとともに、物作りの喜びや他の生徒と協力して作業する力を育むことができると考ました。

3．単元の目標
（1）挨拶、報告、依頼をすることができる。
（2）作業内容・手順を理解し、作業に取り組むことができる。
（3）作業や販売会を通して、働く意欲をもち、達成感を味わうことができる。

4．指導計画

指導計画	主な学習内容	時　数
第２回販売会に向けて （97時間）	販売会に向けて製品を作ろう 　（紙すきの作業）	68 （本時27・28／68）
	第２回販売会の準備をしよう 　オリエンテーション 　製品準備 　ポスター、表示作り	24
	第２回販売会を成功させよう	1
	販売会のまとめをしよう	4

5．本時の学習

①目標

ア　挨拶・報告・依頼をすることができる。

イ　各自の設定した目標を意識して、作業に取り組むことができる。

写真1　はじまりの会の様子
（ホワイトボードに提示してある作業内容を確認し、取り組みの目標や数を発表し合い、反省会においても使用します。）

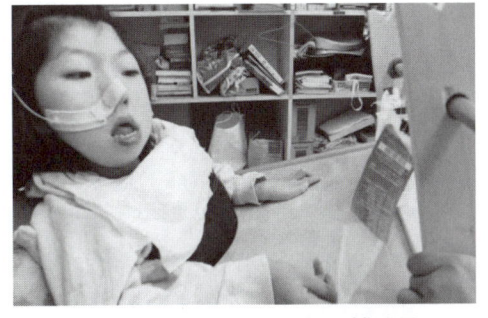

写真2　ラミネートはがし補助具
（指先でラミネートを挟み、手首をゆらしながら下の方に引っ張っていきます。）

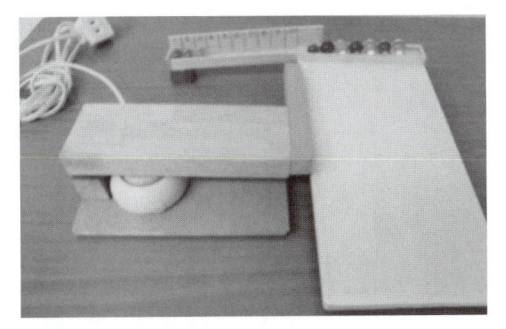

写真3　ミキサースイッチ押し補助具　キャスター付き腕置き台、まごの手式フットスイッチ
（てこの原理で、弱い力でもスイッチを押すことができるように工夫しました。）

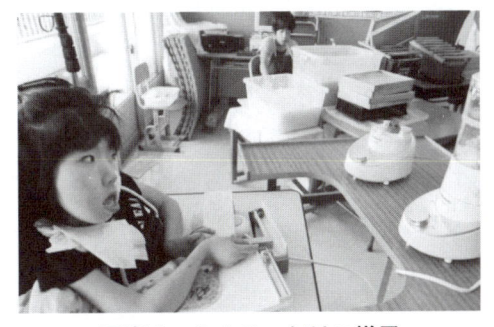

写真4　ミキサーがけの様子
（細かくした牛乳パックのパルプを１分間ミキサーにかけます。１回終えるごとに指先でビー玉を転がし、回数を確認します。）

6．展開

時間	学習活動	教師の支援	教材教具等
導入 10分	1．準備 ●出勤簿に押印し、本時の作業内容を知る。 2．はじまりの会【写真1】 ○生徒の声かけで挨拶をする。 ◆作業内容を確認し、目標を発表する	・出勤簿と印鑑を準備する。 ・作業内容を確認し、今日の目標を確認するよう伝える。 ・大きな声で挨拶をするように促す。 ・目標カードを提示し、二者択一するように促す（生徒D）。	出勤簿 印鑑 ホワイトボード ボードペン 目標カード
展開 60分	3．作業をする		
	［牛乳パック切り（生徒B）］ ○トレイから牛乳パックを取り、半分に折ってから切る。 ◆10枚切り終えたら報告する。	・牛乳パックを半分に切るための折り目を付けておく。 ・安全に切るために、はさみの持ち方を確認する。	トレイ、はさみ、牛乳パック用仕切り箱 作業量確認表
	［ラミネートはがし（生徒C・D）］ ○トレイに10枚用意された牛乳パックのラミネートを両面はがす。 ●10枚はがし終えたら報告し、教師と確認する。	・ラミネートをはがしやすいように途中まではがしておく。 ・続けてラミネートをはがすことができたときはキャラクターカードを渡し、称賛する。 ・10枚はがし終えて報告がない時は促す。	トレイ、ラミネートはがし補助具 【写真2】 キャラクターカード がんばり表 数字カード
	［紙ちぎり（生徒E）］ ○紙を仕切り枠に5枚並べ、見本カードの大きさを見ながらちぎる。	・見本カードと照らし合わせて、大きさを生徒と一緒に確認する。	紙ちぎり用仕切り枠 黒シート 見本カード
	［ミキサーがけ（生徒F）］ ◇ミキサーのスイッチ押し補助具に腕をのせ、スイッチを押す。【写真3.4】 ○ビー玉を動かし、ミキサーがけの回数を確認する。	・右手でスイッチが操作できるよう補助具の位置を確認する。 ・スイッチを止めた後、パルプ準備の依頼を促す。 ・体調や姿勢が安定しているか確認する。	ミキサー まごの手式フットスイッチ スイッチ押し補助具、キャスター付き腕置き台 作業量確認表
	［紙すき（生徒A）］ ◆水槽をかき混ぜ、すき具ですく。10数えてから水切りボックスに立てかける。【写真5】	・水槽をかき混ぜてからすき、ゆっくり10を数えて水切りをするように促す。	すき具、水槽 水切りボックス さらし ベニヤ板 作業量確認表
	4．今日のまとめをする	・発表の準備をする。	
まとめ 10分	5．反省会 ◆作業の成果や反省を発表する。 ・次時の予定を聞く。 ○生徒の声かけで挨拶をする。	・一人一人の成果や反省を評価し、次時や販売会への意欲付けを図る。	ホワイトボード ペン

（○主体性、●キャリア教育、◇教材・教具、◆各教科のねらい）

写真5　紙すきの様子
（水槽に溶かした牛乳パックを、すき具ですきます。）

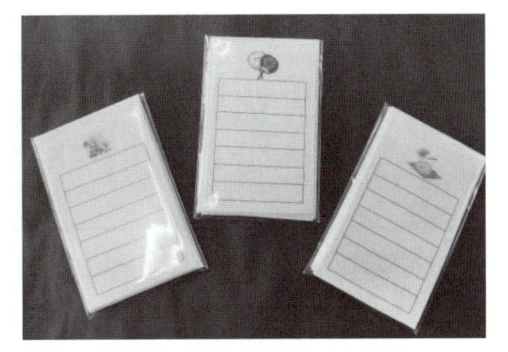

写真6　紙すき製品（メモ帳）
（他にはレターセットやカード等にして販売します。）

❹ まとめ

　生徒が活動を振り返り、生徒から「大きな声で先生に報告することができました。」等の反省があり、さらに仲間の頑張りを称賛する声も出てくる授業となりました。

　教師の手を借りず、自分の力でミキサーのスイッチを押したいと話していた生徒は、スイッチ押し補助具を使用することで「自分でできた」という達成感をもち、意欲をもって取り組むことができました。また、作業手順や作業量を確認しながら取り組めるよう、手順カードや作業量確認表など視覚的支援を行い、繰り返し取り組むことで、見通しをもって作業することができました。

　補助具が他の学習場面や生活場面でも、自分のものとして活用し、より主体的な活動ができるよう教材・教具を工夫していきたいと思います。今後も、生徒たち一人一人の力を十分に引き出し、充実した学校生活及び将来に向けての社会生活につなげていく授業をつくっていきたいと思います。

岩手県立盛岡となん支援学校　教諭　吉田　萌

児童生徒の言語環境の整備と言語活動の充実

19 重度・重複障害児を含む 知肢合同の集団の中で育つ個の力

＜キーワード＞ ①知肢合同 ②仲間づくり ③重度・重複障害児のQOL向上とは

1 実践事例の概要

　日常生活を全介助で過ごす重度・重複障害児は、日々の生活の中で本人が主体となって物事を決定したり行動したりする場面が限られており、そこから抱く満足感や充実感といった生きる力の根源となる感情を味わう場面が少ないのが現状です。

　そこで、知的障害と肢体不自由の生徒が共に学校生活を送る知肢合同を主にした高等部の学年集団の中で、人とのかかわりから湧きあがる感情を基盤に、コミュニケーションの意欲が高まり、あらゆる場面で自己決定をしようとするようになった重度・重複障害児の事例を紹介します。かかわり手（パートナー）を同年代の刺激あるクラスメイトに設定することが表現活動の少ない重度・重複障害児のコミュニケーションの基盤を強くし、QOLを高めることにつながるという仮説を立てて取り組んだ経過を、仲間づくりの視点で報告します。

2 個と集団での取り組み

　ADLは全介助を要し不随運動を伴った女子生徒Aは、言語での伝達手段をもっていません。受信・発信の弱い重度・重複障害児であるAのコミュニケーションの力をはぐくむために、本人が発信するための手段を学ぶ学習場面（自立活動の時間）や、発信したいと思えるような相手や場面の設定（学年、クラス活動の時間）という個と集団の2つの側面から考えた環境を設定しました。

　自立活動（個別）の時間には、自発的に発信する力を強化し、身体の制限からくるコミュニケーション手段を広げる工夫としてAT機器（スイッチ）活用をねらいとした授業内容を展開し、学年・クラス（集団）の時間には、生徒同士のかかわりを重視した行事の企画等の取り組みを行いました。

3 仲間づくりの実践

　クラス活動として「Aさんへの連絡係」という役割を作り、教師を介さず直接Aに伝達事項を伝えることで生徒同士がかかわる機会としました。はじめは戸惑っていた

クラスメイト（以下、生徒）も、教師がＡにかかわる姿をよく見てまねるところから始まり、その積み重ねが徐々に生徒独自のかかわりに発展していきました。Ａ自身にとっても「自分に話しかけられていること、誰から話しかけられているかが分かること」が理解しやすい環境となり、次第に生徒のほうへ視線が移るようになってきました。

また、週１回「学年合同朝の会」として学年の生徒全員が一堂に会し、情報交換をする場を設けました。そこで「Ａさんコーナー」というコーナーを作り、Ａに関する様々な情報（Ａの好きなことや家庭での生活など）を担任が伝えることにしました。会を重ねるごとにこのコーナーを楽しみにする生徒が増え、「しゃべらないＡさんが何を思っているのか」という関心につながり、Ａに話しかける生徒が増えてきました。

文化祭では、自分たちの発表したい内容を話し合いで決め、３つのグループに分かれました。Ａは学年の中でも特にリーダーシップを取る生徒が集まった「ダンスグループ」に所属することにしました。内容、進め方等、すべて生徒たちの自主性に任せ、生徒たちは四苦八苦して、気持ちが伝わりにくいＡの興味を引き出そうとしていました。そして、それに応えようとするかのように友達を目で追ったり、足でリズムを取ったりするＡの様子を、その都度、どんな気持ちを表しているのかを教師は言葉に置き換えて生徒たちに伝える支援をしました。その作業を繰り返すうちに周りの生徒たちが自分たちの感性で一人一人がＡの気持ちを捉えるようになってきました。そして、Ａが活躍できる場面として、曲の途中に車椅子のダンスを取り入れて場を盛り上げる工夫を行い、Ａもダンスグループの大きな一役を担うことができました。学年生徒全員で歌う中心にも位置し、本番では満足の笑みとリズムを楽しそうに足で刻む姿を見ることができました。これをきっかけに、少しずつ生徒たちとの距離は近づき、Ａは特別なかかわりをしなくてはならない存在ではなく、自分たちの仲間の一人だという自然な存在に変わっていきました。

クラスの取り組みとしては「Ａさんを知ろう」という授業を計画し、Ａの生い立ちを含むプロフィールを紹介しました。ここで、自分たちと変わらず成長してきたＡの姿や保護者の思いも知り、「おしゃべりができなくても、身体が思うように動かなくても、Ａさんは私たちと同じなんだ」ということに気づき、Ａの存在を改めて認めるきっかけとなりました。中期食のお菓子作りやボッチャゲームをクラス全員で行う場面でＡのささいなしぐさや表情に気をつけ、必要なときに必要なサポートをすると同時に自分たちも授業を楽しむ姿が見られました。そして、教師が行っているようにＡのちょっとしたしぐさをＡの気持ちになって言葉にしてみたり、何を言おうとしているのかを探ろうとＡの視界に入りこみＡと気持ちを合わせようとしたり、それぞれが

自分たちなりのかかわり方を見つけ、それを共感し合うことを楽しんでいる場面が多々見られるようになってきました。そしてAもまた、そのようにかかわってくれることが良い刺激となり、不快なことでも我慢することを覚えたり、関心があれば手を伸ばしたり、タイミングを見て発声したりといった表現につながってきました。子どもにとっての自然な活動が形になって表れてきたといえます。

　また、クラスの男子Bは、AがBに触れたことをきっかけにAに対してクラスメイトの意識が芽生え、攻撃的だった態度や言葉が見られなくなり、優しい表現に変わっていきました。Aのささいなしぐさを見逃さず、気持ちをくみ取ろうと穏やかな視線を向けることができるようになりました。

　このように、Aがクラスにいることで周りはそれぞれに自分を知る機会となり、自分とAの関係を考えられるようになり、少しずつ変化してきました。それに伴ってA自身もクラスメイトを仲間として意識しはじめ、周りの様子を興味深く見る等、大人と過ごすときとは明らかに違う態度を示すようになってきました。

❹ 仲間づくりから見えてきたこと

　高等部での2年間は主に集団づくりを中心に取り組んできました。コミュニケーションは、パートナーとの相互のかかわり合いであり、発信力の弱い重度・重複児個人の力をいくら積み重ねても、それを受け止める周囲の気持ちが育っていないと一方通行になり、成立しません。お互いを認め合える集団でこそ、個人も注目され、小さな発信が生かされてくるといった環境がつくり出されるため、それを大切にしてきました。

　個別の時間で積み重ねてきたAT機器（スイッチ）活用の力は、自分に注目されながらじっくりと待ってくれる環境で使うことができても、それを実際に集団の中で生かそうとする意識は見られずにいたAでしたが、周囲の生徒たちがAのほんのささいな反応を表現として受け止められるようになってくると、Aにとって安心できる環境が生まれ、Aの意識に「仲間」として捉えているような心の変化が表情等で認められるようになりました。

　その仲間を育てる支援の中で、大切にしてきたことは教師や生徒たちと情報を共有し合うことです。担任はAに関する情報を常に周囲に伝えること、そして、コミュニケーション能力の評価をし、複数の教師の目で確かめ、それをまた周囲に伝えて共有するということを心がけてきました。Aの目に見えない心の動きを、その子に寄り添っている担任がエピソードでつづってはじめて周りの者（生徒や学年の教師）にその育ちを伝えることができます。この共通理解がAにとって分かりやすい対応となり、生徒たちにとっては情報量が増え、より多くのかかわる機会をもつことにつながってい

きました。

⑤ まとめ

　どれほど障害が重くても何かの思いを抱いて「いま」を懸命に生きています。「こうしてほしいんだね」「こうしたくないんだね」と受け止める言葉がきちんと届いたとき、「うれしい」「ほっとした」というかたちで心は必ず前に向かいます。そして、友達の予測できない反応や声かけで「どんな楽しいことが待っているのだろう」というワクワクした心のざわめきが起こり、期待につながります。

　肯定的な心の動きが、自分がここにこうして生きているということを自ら実感し、自分はこうして生きていてよいのだという自己肯定感につながり、受け止める人への信頼感につながります。そして、それは「将来に役立つ能力」とは異なる「いまここ」の心の充実であり、「明日に向かって生きる力」の原動力になります。明日に向かって頑張るのではなく、「いま」の充実が「明日に向かって生きる希望」になるという、『力』ではなく、『心』に目を向けることの大切さに改めて気づかされました。

　QOL（Quality of Life）は、一般的に「生活の質」と訳されますが、その人がどれだけ自分らしい生活を送り、満足や幸福を感じているかを捉える概念です。

　QOL向上には、障害のある本人が主体となって満足感や達成感、充実感というような気持ちをもてる経験を重ねることが大切で、Aにとって高等部という学校生活最後の時間をどう過ごすかということをおいて語ることはできません。

　何かを伝えたい、誰かに伝えたいという心が揺さぶられるような経験は、個別の授業の中では難しいものです。もちろん、AT活用の習得などは個別に積み重ね、じっくりと向きあって集中できる環境が必要です。しかし、それを生かすためには「心が動く」体験という、コミュニケーションのベースにしっかりと根ざすことが必要だと改めて実感できました。

　獲得した伝達手段は、思いがあってはじめて機能します。Aは個で培ってきた力を友達の中で生かすことで気持ちが動き、「もっと伝えたい」という次への活力につながりました。その気持ちの原動力には、かかわり手が同年代の仲間であったことが重要であり、大人に対して発信しようとする意味合いとはまた別の感性や感情が湧き出るきっかけになり、発信しようとする意欲へと結びついたものと思われます。

　人は人の中で生き、成長します。個の力を集団の中で生かし、仲間だという実感をもちます。これこそが重度・重複障害児のQOLを充実させることにつながるといえるのではないでしょうか。

和歌山県立きのかわ支援学校　教諭　岡田　美和

訪問教育における指導の工夫

20 訪問教育における効果的な ティーム・ティーチングの取り組み

<キーワード>　①訪問教育　②不安解消　③指導体制の改善　④教育支援プラン

1 実践事例の概要・授業改善のポイント

1．概要

　訪問教育の場合、指導体制の特質上、多くの不安をもちながら日々の指導にあたっています。また、担任とのマンツーマン指導が多いことから、多角的・客観的な判断を行うことが大変難しくなっています。したがって、訪問担当の教師がもつ不安を解消し、より効率的な学習活動を行うために、現状の指導体制の改善が必要だと考えました。
　そこで、「ティーム・ティーチング（TT）」の指導体制をとり、①教育支援プランの工夫、②TT（複数教師）授業の実践、③定例研究会議の実践の3つに取り組み、より充実した個に応じた教育活動を行うことを目指しました。

2．授業改善のポイント

- カード整理法による実態把握と課題設定及び教育支援プランと評価の一体化
- TT（複数の教師）による指導と、授業前後の打ち合わせ
- 定例研究会議における、教育支援プランの見直しやケース会議

2 訪問教育担当者の不安の解消

　本校では「教育支援プランと授業の充実を目指して～自立活動の観点を生かした指導・支援～」をテーマに学校研究を進めています。しかし、訪問教育の場合、担当児童生徒の実態把握や課題設定に確信がもてているとは言いがたい部分があります。また、指導に関しても、内容や支援が適切なのか、評価の観点はどうか、思い込みで行っていることはないだろうかという不安があります。そして、その不安は授業改善にも大きな影響を及ぼしており、仕事をしていく上で大きな負担感となっています。
　これらは、訪問教育が基本的に1人ですべての教育活動を行うため、児童生徒のことについて他の教師と共有することが難しく、イメージでしか相談し合うことができないことが大きな原因だと考えます。また、各教師の訪問日程がばらばらで、会議や

第 2 部　実践編

情報交換をするための共通の時間がとりにくいことも原因の一つだと考えられます。

そこで、教師が互いにサポートしあえる体制づくりをし、児童生徒の指導に直接かかわり、具体的に相談に乗りながら不安や悩みを解消すれば、自信をもって個のニーズに対応した指導を効率的に行えるようになると考え、3つの取り組みを行いました。

③ 実践報告1　教育支援プランの工夫

カード整理法による実態把握と課題設定 →	ワークシートによる目標設定・手立て →	教育支援プランの工夫
・偏りのない実態把握 ・根拠のある課題設定 ・担当の不安解消	・情報の整頓 ・長期を見通した目標設定	・活用しやすさ ・目標を明確に ・評価と一体化

1．カード整理法による実態把握と課題整理（図1）

- 全員を対象に行う。
- 訪問指導がない教師6名程度がそろう時間帯に会議を設定する。（長期休業日も活用）
- 児童生徒1名につき3時間半を目安に行う。
- 新年度は昨年度のものを活用し、新たに気づいたことをカードに書いて貼り足し、関連を見直す。中心課題を想定する。

2．ワークシート（図2）

- カード整理法で分析した実態をもとに、将来を見据えてつけたい力を考え、長期目標（3年間）、短期目標（1年間）を想定し、具体的な手だてもまとめる。
- 環境面についても、現在の状況と、目標達成のために必要な手だてを考える。

ア）本人・保護者の願い	イ）環境
ウ）実態・中心課題（カード整理法より）	エ）将来を見据えてつけたい力
オ）長期目標	カ）短期目標
キ）具体的な手だて	ク）環境に対する手だて

3．教育支援プランの工夫（図3）

- 教育支援プラン（埼玉書式）を使用する。
- カード整理法を参考に実態（自立活動6区分）を記入し、指導観にはワークシートを使って想定した目標を記入する。
- 短期目標に対して、どの場面でどのようにに取り組むのか、どんな支援をするのかを記入し、それぞれについて評価を記入する。

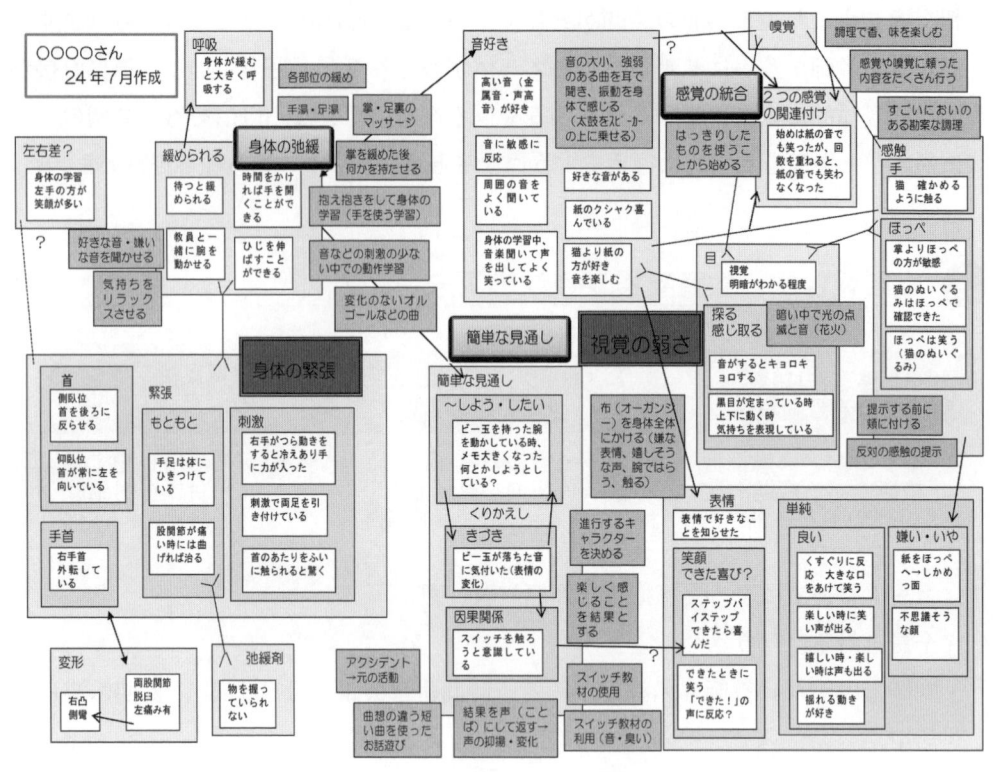

図1　カード整理法による実態把握

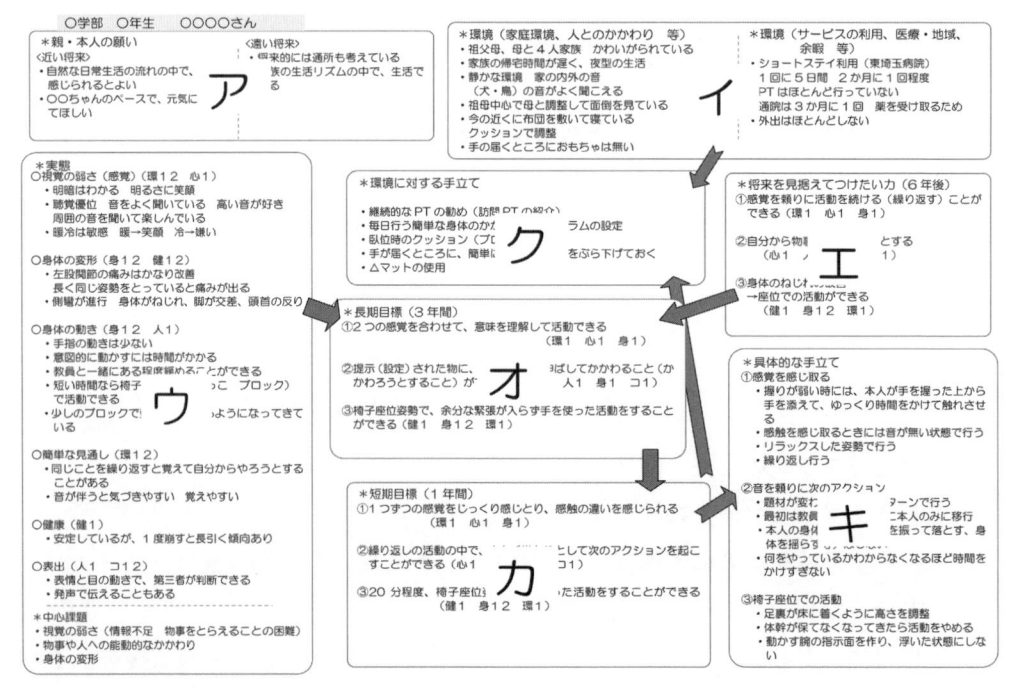

図2　ワークシート

第2部　実践編

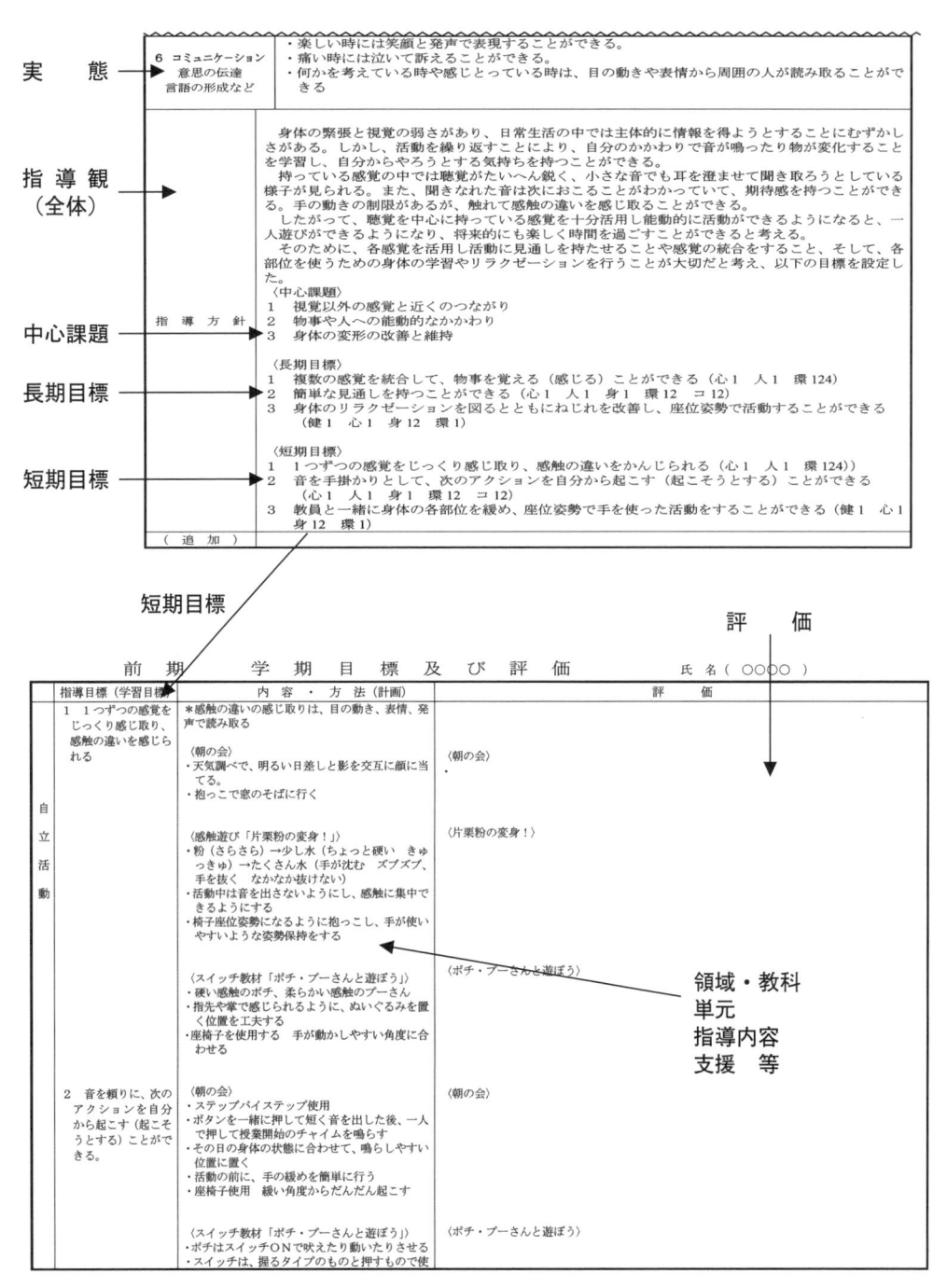

実　　態	6 コミュニケーション 意思の伝達 言語の形成など	・楽しい時には笑顔と発声で表現することができる。 ・痛い時には泣いて訴えることができる。 ・何かを考えている時や感じとっている時は、目の動きや表情から周囲の人が読み取ることができる
指導観（全体）		身体の緊張と視覚の弱さがあり、日常生活の中では主体的に情報を得ようとすることにむずかしさがある。しかし、活動を繰り返すことにより、自分のかかわりで音が鳴ったり物が変化することを学習し、自分からやろうとする気持ちを持つことができる。 　持っている感覚の中では聴覚がたいへん鋭く、小さな音でも耳を澄ませて聞き取ろうとしている様子が見られる。また、聞きなれた音は次におこることがわかっていて、期待感を持つことができる。手の動きの制限があるが、触れて感触の違いを感じ取ることができる。 　したがって、聴覚を中心に持っている感覚を十分活用し能動的に活動ができるようになると、一人遊びができるようになり、将来的にも楽しく時間を過ごすことができると考える。 　そのために、各感覚を活用し活動に見通しを持たせることや感覚の統合をすること、そして、各部位を使うための身体の学習やリラクゼーションを行うことが大切だと考え、以下の目標を設定した。
中心課題	指導方針	〈中心課題〉 1　視覚以外の感覚と近くのつながり 2　物事や人への能動的なかかわり 3　身体の変形の改善と維持
長期目標		〈長期目標〉 1　複数の感覚を統合して、物事を覚える（感じる）ことができる（心1　人1　環124） 2　簡単な見通しを持つことができる（心1　人1　身1　環12　コ12） 3　身体のリラクゼーションを図るとともにねじれを改善し、座位姿勢で活動することができる（健1　心1　身12　環1）
短期目標		〈短期目標〉 1　1つずつの感覚をじっくり感じ取り、感触の違いをかんじられる（心1　人1　環124）） 2　音を手掛かりとして、次のアクションを自分から起こす（起こそうとする）ことができる（心1　人1　身12　コ12） 3　教員と一緒に身体の各部位を緩め、座位姿勢で手を使った活動をすることができる（健1　心1　身12　環1）
（追加）		

前期　学　期　目　標　及　び　評　価　　　氏名（○○○○）

評　価

	指導目標（学習目標）	内　容・方　法（計画）	評　価
自立活動	1　1つずつの感覚をじっくり感じ取り、感触の違いを感じられる	＊感触の違いの感じ取りは、目の動き、表情、発声で読み取る 〈朝の会〉 ・天気調べで、明るい日差しと影を交互に顔に当てる。 ・抱っこで窓のそばに行く 〈感触遊び「片栗粉の変身！」〉 ・粉（さらさら）→少し水（ちょっと硬い　きゅっきゅ）→たくさん水（手が沈む　ズブズブ、手を抜く　なかなか抜けない） ・活動中は音を出さないようにし、感触に集中できるようにする ・椅子座位姿勢になるように抱っこし、手が使いやすいような姿勢保持をする 〈スイッチ教材「ポチ・プーさんと遊ぼう」〉 ・硬い感触のポチ、柔らかい感触のプーさん ・指先や掌で感じられるように、ぬいぐるみを置く位置を工夫する ・座椅子を使用する　手が動かしやすい角度に合わせる	〈朝の会〉 ． 〈片栗粉の変身！〉 〈ポチ・プーさんと遊ぼう〉
	2　音を頼りに、次のアクションを自分から起こす（起こそうとする）ことができる。	〈朝の会〉 ・ステップバイステップ使用 ・ボタンを一緒に押して短い音を出した後、一人で押して授業開始のチャイムを鳴らす ・その日の身体の状態に合わせて、鳴らしやすい位置に置く ・活動の前に、手の緩めを簡単に行う ・座椅子使用　緩い角度からだんだん起こす 〈スイッチ教材「ポチ・プーさんと遊ぼう」〉 ・ポチはスイッチONで吠えたり動いたりさせる ・スイッチは、握るタイプのものと押すもので使	〈朝の会〉

領域・教科
単元
指導内容
支援　等

図3　教育支援プラン及び評価

❹ 実践報告2　TT（複数教師）授業の実践

通常の授業のTT
＊訪問教育担当者とのTT
- 一緒に指導に当たり、実態を共有
- 授業内容の拡大
- 実態、指導、内容、支援等の相談

夏期休業中のTT
＊訪問教育担当者以外とのTT
- 新たな視点で実態把握
- かかわる人の拡大
- 訪問教育の実態を知ってもらう

〈方法〉

◇通常の授業のTT
- 1人の児童生徒につき、ひと月に2回
- 2つのグループに分かれて実施（教員6人×2グループ）
  - A）・教員を固定しない　→多くの教員とかかわる
    - 個人ファイルを作って略案をとじ、前回のTT授業の様子を共有できるようにする
  - B）・教員を固定する　→指導の積み重ねをする
    - 担当外も1回は授業に参加し、実態の共有を図る

◇夏季休業中のTT
- 1回のみ
- 職員会議で提案募集
- 保護者と日程を調整して訪問授業を行う

〈TTの内容〉

授業中	活動の援助　　ゲーム等の対戦相手　　お話遊びの役　　MTの交替　　姿勢保持の援助 教材教具の改善　　環境づくり（家族への対応等）　　写真・VTRの撮影　　観察・記録　等
授業時間以外	授業前後の打ち合わせ ・授業の流れ　　TTの役割　　指導や支援　　反省　　次時への課題 ・訪問に行っていない時間帯に調整して打ち合わせを行う 教材の製作・改善　等

❺ 実践報告3　定例研究会議の実践

定例研究会議
- 授業を行う上での困っていることや問題点を解決

自立活動会議
- 自立活動（身体の学習）の指導法について具体的に研修

〈方法〉

　月曜日午前中は訪問指導を入れず、定例会議（生徒の様子、運営にかかわること等）と、定例研究会議を1時間半ずつ行います。

◇定例研究会議
- グループごとに話し合う
  （話しやすい人数、取り組みの違いのため）
- 内容はどちらのグループもほぼ同じ
- 話し合った内容を、定例会議の中で報告する
- 必要に応じて、他グループへTTを依頼する

◇自立活動会議
- 定例研究会議の時間を活用
- 年間3回程度行う
- 必要に応じて、自立活動部にも参加してもらうように依頼する

〈内容〉

定例研究会議	支援プランの見直しと共通理解　　TTの体制づくり 記録の方法と活用の仕方について検討 ケース会議（困っていることの解決）
自立活動会議	ケース会議 　障害の特性や実態を確認し、効果的な指導法について検討

6 まとめ

　教育支援プランの作成に複数の教師がかかわることにより、教師間の活用だけでなく保護者や医療機関への連携時にも、自信をもって資料を説明することができました。手順を踏むことにより長期を見据えたプランを立てられ、担任が替わっても指導を引き継げるようになりました。授業においては、課題が整理されたことで内容の精選ができ、ポイントを絞った授業内容を考えることができるようになってきました。また、TT授業や定例研究会議等を通し、多くの児童生徒の実態を共有できました。そして、日常的にも気軽に相談し合える雰囲気ができ、日々の授業改善に役立っています。

　ティーム・ティーチングに取り組むことにより多くの成果が挙がっており、不安や負担感の多くは解消できています。今後はさらに個々のスキルアップを目指すとともに、より効率的な授業改善ができるようチームとして頑張りたいと思います。

埼玉県立越谷特別支援学校　教諭　成田　晶子

指導の評価と改善

21 客観的な評価を生かした学習指導
―「学習習得状況把握表」を活用して―

<キーワード>　①GSH　②重度・重複障害　③コミュニケーション

1 実践事例の概要

　本校では平成24年度より東京学芸大学の小池敏英教授の助言を受け、東京都教育委員会が開発した「学習習得状況把握表」（以下、「GSH」とする）を用いたアセスメントを活用するとともに、GSHの結果を個別の指導計画等に取り入れ、指導の成果を挙げてきました。

　また、いくつかの事例ではGSHの結果を受け、指導内容のみならず指導形態等も検討し、より個に応じた指導を進めてきました。平成25年度は書式を一新した個別指導計画にGSHの結果を反映させ、学校全体で肢体不自由のある児童生徒の「学習指導プログラム」づくりに取り組んでいます。

　ここでは、発達面での評価が難しいとされた重度・重複障害児に対して行ったGSHによる評価を取り入れた指導について、評価から目標設定、児童とのやりとり、個別指導計画、保護者との連携、児童の変容といった観点から報告します。

2 授業改善のポイント

　本研究では１名の重度・重複障害児にGSHを用いた客観的な評価を行い、その結果に基づいて本校の言語担当者チームと具体的な支援と支援の方策を検討し指導を行いました。その結果、GSHを活用することで、対象児童Ａの発達の様子や特徴が示され、学習課題が明らかになりました。

　また、GSHの結果について言語担当者チームと検討したことで、児童の学習課題や具体的なかかわり方が明確になりました。

③ 実践例

1．児童Aの実態

○健康面
- 小学部高学年女児
- 日常的にてんかん発作が見られ、服薬などのコントロールが難しい。
- 体調不良による欠席は少なく、元気に通学している。

○運動機能面
- 右半身にまひが見られるため、主に左手を使おうとし、おもちゃをたたいて鳴らす、つかむ、引っ張る、持ち上げるなどの操作が可能。
- 自力移動は難しいが、後方から介助しての歩行は可能。座位はでき、仰向け姿勢からの起き上がりもできる。
- SRCウォーカーでの歩行を練習している。

○認識面
- 数語を理解し、活動にも一定の見通しはもてる。
- 発語は見られないが、「私は〜をしたい」といった本人なりの要求を明確に示し、表情の変化、笑顔、「チュ」といった口を突き出す音、手で机をたたくといった手段で伝えようとする。要求が満たされないときには、大きな声を何度も出して意思表示をし続ける。

2．GSHの入力及び結果

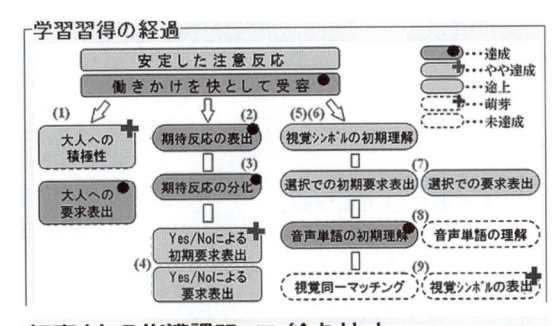

学習習得の経過
- 安定した注意反応
- 働きかけを快として受容
- (1) 大人への積極性
- 大人への要求表出
- (2) 期待反応の表出
- 期待反応の分化
- Yes/Noによる初期要求表出
- (4) Yes/Noによる要求表出
- (5)(6) 視覚シンボルの初期理解
- (3) 選択での初期要求表出
- 選択での要求表出
- 音声単語の初期理解
- (7) 音声単語の理解
- 視覚同一マッチング
- (8)(9) 視覚シンボルの表出

●…達成　●…やや達成　●…途上　●…萌芽　●…未達成

提案される指導課題　□絵を拡大
- (1)視線による要求表出の指導
- (2)S1＋S2による期待形成の指導
- (3)S1(+)とS1(-)による期待分化の指導
- (4)Yes/No表出の指導
- (5)事物や絵カードでの分類の指導
- (6)事物や絵カードの同一マッチングの指導
- (7)写真（イラスト）に基づく事物選択の指導
- (8)音声言語指示に基づく事物選択の指導
- (9)視覚シンボルによる要求表出の指導

3．GSH結果を踏まえての具体的な指導法や指導形態の検討と個別指導の改善

①児童Ａの実態把握と担任の思い

教室での児童Ａは、要求を明確に示しますが、画一的な方法で強く意思表示し続ける傾向があり、相手に分かるように明確に伝えようとすることは難しいです。

そのため、「教師へ要求を伝える」「教師の意図を理解し、くみ取って要求表出する」ようになってほしいと考えました。

②GSHの結果

そこで、GSHで提案される指導課題の中から、提案される課題（9）「視覚シンボルによる要求表出の指導」を本児の課題にしたいと考えました。

とはいっても実際の指導では、この課題を達成するための方法、「どのような内容」で「どういった指導を行うべきか」に悩み、本校の言語指導担当者チームに相談しました。

③言語担当者の助言

児童Ａと筆者のやりとり場面を画像録画し、言語担当者チームと見直しました。そうしたところ、「本児は『要求を伝えると叶う』、といったことは理解していましたが、教師側の意図に気づかず、一方的に意図を伝えようとする傾向がありました。そこで、やりとりの中で、教師側の意図に気づかせ、教師に分かるように伝えようとする場面を設定すると

＜概　要＞

【①対象児童の実態把握と担任の思い】
自分の要求を出すことはできる
　　　　↓　でも
一方的に意思表示するだけで相手に伝えようとはしない
★教師へ要求を伝えてほしい
★教師の意図を理解し、くみ取って要求表現するようになってほしい

⬇

【②GSHの結果】
「視覚シンボルによる要求表出の指導」を選択
　　　　↓
言語コミュニケーションチームに相談

⬇

【③言語担当者の助言】
対象児の要求表現
　→　笑う、「チュ」と口を突き出す
　　　机を軽く叩く
具体的な指導内容
　→　①教師側の意図に気づかせる
　　　②教師に伝えようとする
　　　③明確に伝えようとする

⬇

【④課題の設定と指導】
課題：「やりとりをする中で、こちらの意図を理解して要求表出する」
指導形態：週に1回の課題別学習の個別指導で行う
かかわり方の工夫
→教師：対象児の意図を推察してかかわる、教師の意図を分かりやすく伝える
→児童：教師のかかわりを意識して、笑ったり手を伸ばす
教材：対象児の好きなおもちゃを使用
　　　（ひもを引っ張ると振動するおもちゃ）

よい」という提案がありました。

④**課題の設定と指導**

「好きなおもちゃを取り入れ、やりとりをする中で、こちらの意図を理解して、要求表出する」を課題とし、週に1回の課題別学習の個別指導を行いました。

児童Aの意図を推察してかかわることを心がけ、教師側の意図を分かりやすく伝えるようにかかわり方を工夫しました。教材は児童Aが好きな、ひもを引っ張ると振動する電車を活用しました。

【⑤個別指導計画への反映と学習評価】
指導内容を個別指導計画へ反映
↓
学期1回の保護者面談で確認
↓
1学期の終わりに評価を行い保護者へ伝える

個別指導計画と評価を一本化したことで分かりやすく明確に示すことができた！

↓
次の指導課題を2学期の個別指導計画へ反映

⑤**個別指導計画への反映と学習評価**

学期1回の保護者面談で、指導内容が反映された個別指導計画を用い、保護者と内容を確認しました。1学期の終わりに評価を行い、保護者へ伝えました。今年度から、個別指導計画と評価を一本化したことにより、分かりやすく明確に評価を行い保護者へ伝えることができました。

また、2学期の個別指導計画に次の指導課題を追記しました。

4．指導の実践と児童Aの変容

指導の実践の様子を次頁**図1**、**図2**に示します。

＜使用教材＞
ひもを引っ張ると振動するおもちゃ

①**指導前のやりとり**

指導前は、児童Aが「チュ」と口を突き出して声を出すと、周りにいる誰かがおもちゃを動かしていました。今回は教師が児童Aを見ながら意図の明確化を促しました。児童Aは、しばらく考え、おもちゃを手放しました。教師に渡すというのではなく、ただ置いたようでした。「おもちゃを教師に渡すとおもちゃを動かしてもらえる」ということは、まだ理解できていません。

今までは、周りにいる人がおもちゃをブルブル振動させてくれていましたが、どうやら自分で何かしなければいけないと察している様子が見られました。笑顔を見せてみたり、教師の手に触れたりと教師に何か伝えようとしていました。

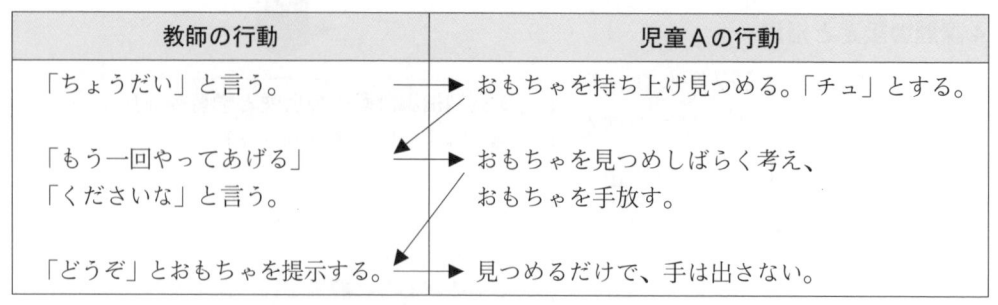

教師の行動	児童Aの行動
「ちょうだい」と言う。	おもちゃを持ち上げ見つめる。「チュ」とする。
「もう一回やってあげる」「くださいな」と言う。	おもちゃを見つめしばらく考え、おもちゃを手放す。
「どうぞ」とおもちゃを提示する。	見つめるだけで、手は出さない。

図1　教師－児童Aのやりとりの様子（5月）

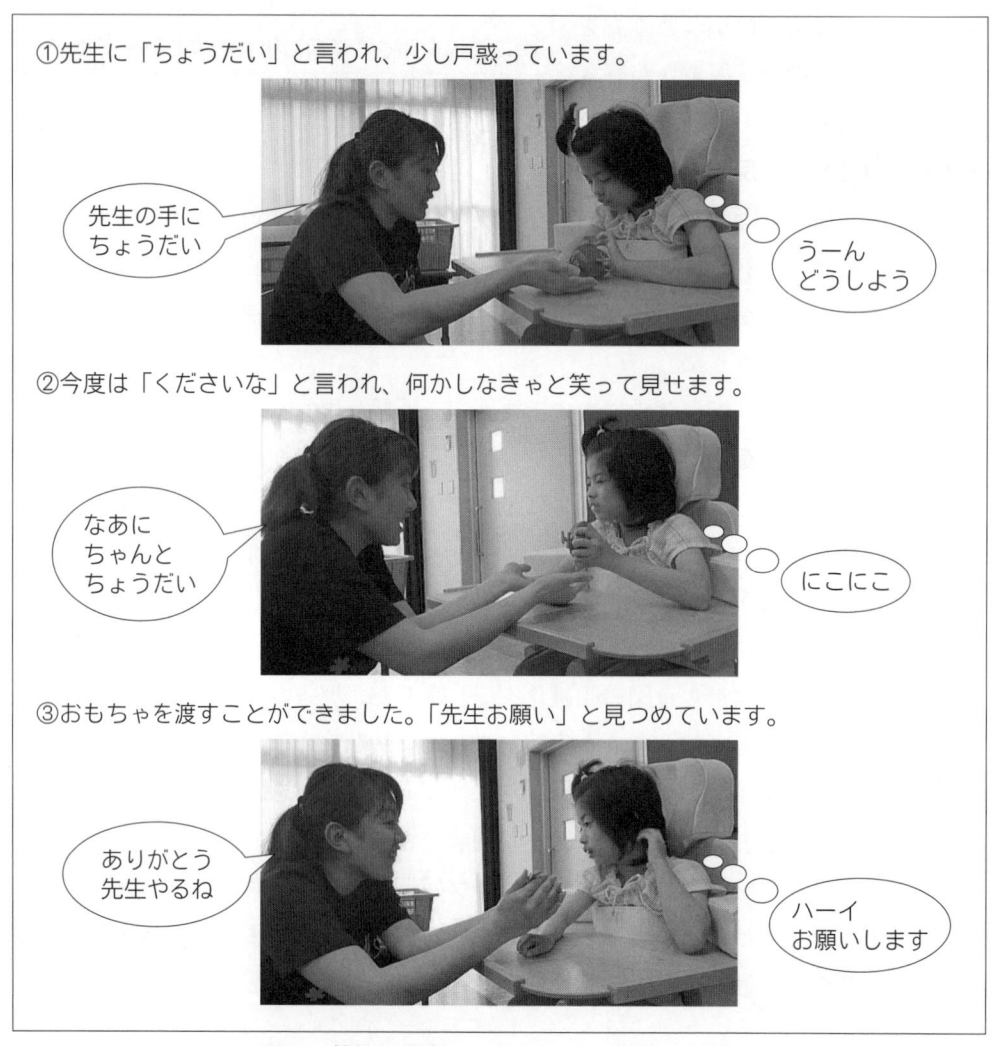

①先生に「ちょうだい」と言われ、少し戸惑っています。

先生の手にちょうだい

うーんどうしよう

②今度は「くださいな」と言われ、何かしなきゃと笑って見せます。

なあにちゃんとちょうだい

にこにこ

③おもちゃを渡すことができました。「先生お願い」と見つめています。

ありがとう先生やるね

ハーイお願いします

図2　教師－児童Aのやりとりの様子（7月）

5．児童Aの5月と7月の変化

5月よりも、7月のほうが教師の言っていることを意識して耳を傾ける様子が見られました。また、教材を見つめ、考え、笑顔を見せる、手を出すなどの表出があり、どうすればいいのか考えるようになりました。

❹ まとめ

1．GSHを取り入れた指導の成果

GSHを活用することで、児童Aの発達の様子や特徴が示され、学習課題が明らかになりました。また、個別指導計画へ記入することで、何を目的として、どのような指導を行っているのか保護者に説明しやすくなりました。1学期の指導の成果を踏まえ、目標を見直し、2学期への個別指導計画へ反映させることができました。

2．GSHを用いた学習プログラムのあり方

今回、③実践例の3で示したような一連の流れで、実態に応じた根拠のある目標設定、指導内容、指導方法で指導を行うことができました。GSHと言語指導の専門性の高い教師からの助言を取り入れたことで、学習課題とかかわり方が明確になりました。また、個別指導計画の中へ、指導のねらい、評価を記入するとこで、保護者へ分かりやく説明することができました。評価をする教師も、ねらいが明確となり評価をしやすくなりました。今後、今回の事例を見直し、肢体不自由教育における、GSHを用いた学習プログラムの在り方を検討していければと思います。

東京都立多摩桜の丘学園　教諭　安座間貴恵

＜参考文献＞
小池敏英・雲井未歓・吉田友紀（2011）肢体不自由特別支援学校における重度・重複障害児のコミュニケーション学習の実態把握と学習支援　ジアース教育新社
坂口しおり（2006）障害の重い子どものコミュニケーション評価と目標設定　ジアース教育新社

知肢併置の利点活用

22 複数の障害教育部門を併置した特別支援学校における授業改善のマネジメント
―知肢併置の利点を活用した学習指導の充実に向けて―

<キーワード> ①知肢併置の利点活用　②授業のPDCA　③重複障害　④学習習得状況把握表

1 実践事例の概要

本稿では、複数の障害教育部門を併置した特別支援学校における授業改善のマネジメントについて述べます。以下の内容で、全員参加のOJTや研究授業を活用して、知肢併置の利点を活用した学習指導の充実に関する研究を推進しました。

①研究1
  ・知肢の学習指導に関する特長的な指導法の整理
②研究2
  ・授業の計画・実施・評価・改善（授業のPDCA）を踏まえた利点活用の事例研究
③提言
  ・事例研究の成果をまとめて、次年度に向けた授業改善の提言

2 授業改善のポイント

授業改善のマネジメントでは、「知肢併置校である本校の特長を活かして、知的障害教育・肢体不自由教育の指導法の利点を活用した授業改善を行うことで、多様な障害や重複障害に応じる教育活動を充実することができる」の仮説を設定しました。児童生徒の障害は、重度・重複化、多様化しています。そのため、従来の主障害に加えて、併せ有する重複障害へのアプローチもきめ細かく行いながら、学習指導を充実する必要があります。

本校では、全員参加のOJTと研究授業が、個々の教師が持ち合わせている専門性を共有してよりよい学習指導を行うための校内システムとして機能しています。これからの特別支援学校においては、教職員のマンパワーを生かした授業改善の仕組みをつくり、組織的・計画的に学習指導を充実することが重要と考えます。

ここでは、①知肢の学習指導に関する特長的な指導法の整理、②知肢併置の利点を活用した学習指導の実践、③授業改善の提言を紹介します。

3 実践例

1．知肢の学習指導に関する特長的な指導法について

　全員のOJTや研究授業の実践において、知肢の学習指導に関する特長的な指導法を整理しました。

指導方法の項目	知の指導法の特長	肢の指導法の特長	今回の事例での知肢の利点活用
アセスメント	主に太田ステージと鳥の絵課題を活用している。	主に「学習習得状況指導把握表」を活用している。	肢の「学習習得状況指導把握表」を知でも利用し、授業の進め方など有効に活用できることが多々あった。
注視・集中	視覚支援が中心である。	コミュニケーション指導の中で抽出指導を行っている。	知肢お互いの指導を知ることで利点を取り入れることができた。
体力づくり	主に毎日のランニングを行いながら、個々の身体的な課題にも取り組んでいる。	特設自立活動の中で行っている。	自立活動部で提示された個別のストレッチを知のプログラムにも取り入れた。
発声、発語	言語指導を受けている生徒もいるが、主に日常生活の中で練習している。	コミュニケーション指導の中で抽出指導を行っている。	知の生徒が口周りの緊張をほぐす運動を自立活動部から指導してもらい授業の中に取り入れた。
教材の提示	板書、カード提示など見る、聞くを中心に提示している。	聴覚、感覚（触感）といった、体感の視点で主に提示している。	知でも重度の生徒に肢の視点を取り入れてみたことは有効だった。
見通しをもたせる	時間列でカードや文字など使って提示している。	視覚では困難な生徒も多いので、写真、具体物、触感を活用する提示を工夫している。	肢にも自閉的傾向の生徒がいるので、知の視点を取り入れてみたことは有効であった。
・・・	・・・	・・・	・・・

２．知肢併置の利点を活用した学習指導の実践

授業の計画・実施・評価・改善（授業のPDCA）のサイクルの中で、知肢併置の利点を活用した事例研究を行いましたので、以下、概要を紹介します。

【事例１】

P　知中：保健体育（知的部門教諭＋自立活動教諭）

身体の保持、体の使い方について自立活動教諭に相談をし、朝の保健体育の時間を活用し個別に指導した事例。

【事例２】

D　肢中（知代）：作業学習（肢体部門教諭＋知的部門教諭）

メモ帳作りを題材とした作業学習で、知の作業学習の指導方法を取り入れた授業。作業工程の分析や補助具や治具を工夫して指導を充実した事例。

【事例３】

D　肢高（自）：国語（肢体部門教諭＋知的部門教諭）

年度はじめ、重度・重複障害生徒へコミュニケーション評価表によるアセスメントを実施し指導課題を設定した授業。知的障害教育部門の教師からの指導目標の設定に関するアドバイスを受け次回の授業計画を検討した事例。

【事例４】

D　肢高：自立活動（肢体部門教諭＋知的部門教諭）

肢高等部で知の指導方法を活用した自立活動の指導例

【事例５】

D　肢小：国語・算数（肢体部門教諭＋知的部門教諭）

肢小学部で知の指導方法を活用した国語・算数の指導例

【事例６】

D　知小：国語・算数（知的部門教諭＋肢体部門教諭）

知小学部で学習習得状況把握表を活用した国語・算数の個別学習例

【事例７】

D　肢中（知代）：生活単元（肢体部門教諭＋知的部門教諭）

清掃を題材とした生活単元学習で、知の清掃の指導方法を取り入れた授業。活動の順番をカードで表示、枠やラインの提示を工夫し見通しをもって清掃ができるようにした事例。

【事例８】

Ｃ・Ａ　肢高（知代）：数学（肢体部門教諭＋知的部門教諭）

自閉症で車椅子の肢高生徒に対しICTを活用した授業。知的障害教育部門の教師か

らのアドバイスを受け自閉症の特性に対する指導法の工夫、知肢の協力体制について検討した事例。

次に、上記の事例6について、肢体不自由教育部門で使用している学習習得状況把握表のアセスメントを知的障害児童への学習指導に活用した例を紹介します。

授業名	知的障害教育部門　小学部2年生「国語、算数」
学習指導上の課題	個別の学習活動は、各学級で行い、A、B、Cの3名を担当している。この3名には、認知言語促進NCプログラムや太田ステージを用いてアセスメントを行い実態に応じた総合的な指導をしてきた。しかし、文字や数の学習については、その習得状況をより的確に把握して指導効果を高めることが課題である。
共有システム	OJTを通して、知的障害教育部門の教師が肢体不自由教育部門の教師から学習習得状況把握表の使用方法、アセスメントの取り方、指導への活用方法（指導目標や指導内容の設定）を学び、担当している知的障害教育部門小学部児童の個別指導に生かした。
肢知併置の利点を活用した指導法の工夫	肢：文字や数の学習習得状況を把握するために、学習習得状況把握表を活用してアセスメントの結果に基づいて指導目標や内容を定めて指導を行った。 知：一人で行う課題と、教師と一緒に行う課題を分けた。一人で上から順番に課題を進めていけるように課題ケースを使用し「できました」のカードで報告できるようにした。また、「A先生来てください」「A先生教えてください」のカードも用意し、児童が必要に応じて活用できるようにした。
学習指導計画（学習指導案より抜粋）	1　個別学習の授業展開 　導入→集団指導→ 個別指導 →まとめ ○個別の学習活動（25分）の指導において、学習習得状況把握表を活用してアセスメントを行い、その結果に基づいて個別の学習の指導目標や指導内容を定めて指導を行った。 Aさん ☆ひらがなへの関心を高め、文字を書く力をつける。読める単語を増やす。 ・単語の音節抽出分解 ・たれびんふた締め ・見えないドットでドットの選択課題 Bさん ☆ひらがなへの関心を高め、文字を書く力をつける。正しく数を数えたり、多少を理解したりする。 ・ブロック組み立て ・模倣で書字課題 ・見えないドットに基づく加法・減法 ・キー単語でひらがな読み課題 Cさん ☆丁寧に文字を書き、感想を含めた簡単な文章を書く力をつける。簡単な文章を読み、理解する。 ・絵で漢字読み学習プリント ・見えないドットに基づく加法・減法 ※アンダーラインが引かれている課題は、学習習得状況把握表より提示された課題である。
成　果	今まで、認知言語促進NCプログラムや太田ステージを用いてアセスメントを行いながら、児童の実態に応じた総合的な指導をしてきた。今回、文字や数の個別の学習においては、肢体不自由教育部門で活用している学習習得状況把握表を活用しながら、一人一人の学習の習得状況を把握して指導目標や指導内容を設定し指導することで、より個別の学習課題に迫る指導ができるようになった。

❹ まとめ

1．学習指導の成果
- 児童生徒にとっての授業の分かりやすさとして、主に、知的障害教育部門で行われている「時間・空間の構造化」が、肢体不自由教育部門においても有効です。
- 教師の授業力の向上として、無駄な動きが少なく児童を飽きさせない指導、言葉を絞り聴覚刺激を抑制する指導、学習習得状況把握表を活用した指導を推進することが重要です。

2．課題
（1）OJTシステムを活用した利点活用の推進
- 対象者と責任者の連携による利点活用の推進を継続すること
- 指導事例集を活用した学習指導を充実すること

（2）職層に応じた人材育成としての利点活用の推進
- 教師が身に付けるべき4つの力に対応した活用の推進
- 主幹教諭、主任教諭等の職層に対応した活用の推進

（3）研究授業を活用した利点活用の推進
- 児童生徒の障害特性に応じた指導方法の研究
- 知肢の特長的な指導方法の相互理解

3．授業改善の提言

提言1：今後もOJTや研究授業を通して、併置校である本校の教職員間の専門性を高め合うことにより、それぞれの障害種別で培ってきた指導法、教材・教具等を活用しながら、児童生徒の主障害及び併せ有する重複障害にきめ細かに応じる学習指導を充実させます。

提言2：知肢両部門において学習習得状況把握表の活用を進め学習指導を充実する。また、学習習得状況把握表を活用した指導事例をもとにして、学習指導プログラム（実態把握、指導目標の設定、指導内容の精選、授業展開、学習評価、保護者説明、個別指導計画への反映）の開発を進めます。

今後も教職員（教師、学校介護職員、外部専門家、看護師等）のマンパワーを活用しながら、全員のOJTや授業研究を通して、特別支援学校としてチーム力を発揮するとともに、より専門性の高い教育活動の推進に努めます。

東京都立多摩桜の丘学園　統括校長　杉野　学

＜参考文献＞
東京都立多摩桜の丘学園（2011, 2012年度）東京都教育委員会研究指定「知・肢併置の利点を活用した学習指導の充実の研究」報告書

監　修

分藤　賢之　　文部科学省初等中等教育局特別支援教育課特別支援教育調査官
川間健之介　　筑波大学教授・筑波大学附属桐が丘特別支援学校長
長沼　俊夫　　独立行政法人国立特別支援教育総合研究所企画部総括研究員

編集委員会

委員　杉野　　学　　全国特別支援学校肢体不自由教育校長会会長
　　　　　　　　　　東京都立多摩桜の丘学園統括校長

委員　田添　敦孝　　全国特別支援学校肢体不自由教育校長会事務局長
　　　　　　　　　　東京都立光明特別支援学校統括校長

委員　大伊　信雄　　全国特別支援学校肢体不自由教育校長会
　　　　　　　　　　東京都立あきる野学園統括校長

委員　山口真佐子　　全国特別支援学校肢体不自由教育校長会
　　　　　　　　　　東京都立府中けやきの森学園統括校長

委員　若杉　哲文　　東全国特別支援学校肢体不自由教育校長会
　　　　　　　　　　東京都立村山特別支援学校長

委員　沖山　孝枝　　全国特別支援学校肢体不自由教育校長会
　　　　　　　　　　東京都立城南特別支援学校長

執筆者一覧

『授業力向上シリーズ』の発刊に寄せて

　　杉野　　学　　全国特別支援学校肢体不自由教育校長会会長

第1部　理論及び解説編

　　分藤　賢之　　文部科学省初等中等教育局特別支援教育課特別支援教育調査官
　　川間健之介　　筑波大学教授・筑波大学附属桐が丘特別支援学校長
　　長沼　俊夫　　独立行政法人国立特別支援教育総合研究所企画部総括研究員

第2部　実践編

　1　乗富　晴子　　前 石川県立小松瀬領特別支援学校教諭
　　　　　　　　　　現 石川県立金沢辰巳丘高等学校教諭
　2　岡戸　繁樹　　東京都立多摩桜の丘学園主幹教諭
　3　金谷久美子　　東京都立江戸川特別支援学校主幹教諭
　4　小野　隆章　　岡山県立岡山支援学校教諭
　5　高橋　　浩　　奈良県立奈良養護学校教諭
　6　真名子寿春　　佐賀県立金立特別支援学校分校舎教諭
　7　西村　大介　　長崎県立諫早特別支援学校教諭
　8　宮平　順子　　前 沖縄県立泡瀬特別支援学校教諭
　　　　　　　　　　現 沖縄県立沖縄ろう学校教諭
　9　太田　健作　　前 沖縄県立桜野特別支援学校教諭
　　　　　　　　　　現 沖縄県立美咲特別支援学校教諭
　10　中村　光宏　　北海道旭川養護学校教諭
　11　伊東めぐみ　　北海道真駒内養護学校教諭
　12　新居　泰司　　徳島県立ひのみね支援学校教諭
　13　宮﨑　春奈　　富山県立高志支援学校教諭
　14　篠原　禎治　　静岡県立静岡南部特別支援学校教諭
　15　寺西　　修　　山梨県立甲府支援学校教諭
　16　佐々木佳菜子　筑波大学附属桐が丘特別支援学校教諭
　17　及川　　洋　　岩手県立盛岡となん支援学校教諭
　18　吉田　　萌　　岩手県立盛岡となん支援学校教諭
　19　岡田　美和　　和歌山県立きのかわ支援学校教諭
　20　成田　晶子　　埼玉県立越谷特別支援学校教諭
　21　安座間貴恵　　東京都立多摩桜の丘学園教諭
　22　杉野　　学　　東京都立多摩桜の丘学園統括校長

（掲載順、平成25年10月現在）

肢体不自由教育実践
授業力向上シリーズNo.1
学習指導の充実を目指して

平成25年11月7日　　第1版第1刷発行
平成27年11月13日　　第1版第2刷発行

監　　修　　分藤　賢之・川間健之介・長沼　俊夫
編　　著　　全国特別支援学校肢体不自由教育校長会
発 行 人　　加藤　勝博
発 行 所　　株式会社ジアース教育新社
　　　　　　〒101-0054　東京都千代田区神田錦町1-23 宗保第2ビル
　　　　　　TEL 03-5282-7183　FAX 03-5282-7892
　　　　　　(http://www.kyoikushinsha.co.jp/)

表紙デザイン　土屋図形株式会社
印刷・製本　　株式会社創新社

Printed in Japan

ISBN978-4-86371-243-0
　○定価はカバーに表示してあります。
　○乱丁・落丁はお取り替えいたします。(禁無断転載)